금단의 세일즈 카피라이팅

The

forbidden

Sales-Copywriting

금단의
세일즈
카피라이팅

간다 마사노리 지음 | 김수연·이수미 옮김

당신의 회사와 비즈니스를
성장시켜 줄 효과적인
세일즈 카피라이팅 비법

두드림미디어

15년 후의 당신이
현재의 당신에게 보내는 메시지

당신의 나이를 솔직하게 말씀해보세요.

20대, 30대, 40대…, 아니면 50대인가요? 또래보다 앞서서 시대를 느끼는 20대 또는 '인생은 지금부터'라고 정열을 내뿜는 60대도 이 책을 손에 들고 있을지도 모릅니다.

저는 35세입니다. 아니, 솔직히 말씀드리면 여러분이 지금부터 대화를 시작하게 될 '이 책의 원고를 쓰고 있을 당시의 저'의 나이는 35세였습니다. 이 책이 서점에 진열되어 있을 무렵의 저는 아마도 50세를 눈앞에 두고 있을 것입니다. 여러분이 지금부터 배울 내용인 이 책의 노하우는 놀랍게도 무려 15년이 지났음에도 진부하지 않은 내용입니다.

생각을 좀 해볼까요? 지금의 시대에 한 번 배워서 무려 15년이나 유효기간이 있는 스킬이 과연 있을까요? 게다가 누구나 필요로 하는 '돈을 버는 것에 직결되는' 스킬입니다. 그 정도로 중요한 스킬인데도 불구하고 이 책에서 알려주고 있는 '세일즈 카피라이팅' 내용을 회사나 학교에서는 안타깝게도 가르쳐주지 않습니다. 지금까지 '세일즈 카피라이팅'이라는 분야를 처음 듣고 접한 사람들이 나타내는 반응은 한결같습니다.

"이런 세계가 존재하고 있었다니이이이이!"

그리고 이 기술을 몸에 장착하고 나면, 여러분의 수입은 평생 안정적으로 흐릅니다. 회사에서 그 어떤 부서에 발령받더라도, 고객의 요구사항을 확실하게 마무리 지을 수가 있으며, 설령 회사를 그만두고 짐을 싸서 집으로 돌아간다고 하더라도 이 세상과의 끈은 계속 이어지기 때문입니다.

제가 이 글쓰기 기술을 처음 접했던 나이는 31세 때였습니다. 당시 외국 자본계의 가전회사에서 일본지사의 역할을 수행하고 있었습니다. 일본 사람들에게 팔릴 만한 물건이 없었음에도 어떻게든 매상은 올려야 했습니다. '매상을 3개월 이내에 올리지 않으면 해고합니다' 이런 가혹한 상황에서 절망적인 생각밖에 할 수 없었던 시기에 이 방법, 즉 '언어의 힘'을 알게 됐습니다. 이 언어의 힘은 자신에 필요한 리소스(사람, 상품, 돈) 전부를 모을 수 있는 '글쓰기 기술'이었습니다.

이 방법은 결코 거짓말이나 속임수가 아닙니다. 원래 공무원 출신이라 영업이라고는 하나도 몰랐던 제가 이 방법을 알게 되면서 대기업에 가서도 맡은 역할을 차례차례 수행할 수 있었습니다. 광고를 내기라도 하면 재미있게도 고가의 상품 문의가 쏟아질 정도였습니다. 아이가 갓 태어나고 가족의 생계를 책임지지 않으면 안 되는 불안감이 높았던 시기에 세일즈 카피라이팅은 저의 인생을 구원해주었습니다. 이것은 과장된 표현이 아닙니다.

그 당시 35세였던 저는 그 매력을 사람들에게 전달하기 위해

몰입했습니다. 사업을 성장시키기 위해 정열적으로 달리던 어느 경영자로서 진검승부를 내기 위해 쓰기 시작한 원고가 바로 이 책의 내용입니다. 그것이 15년의 세월이 흘러 드디어 여러분의 손에 도달하게 된 것입니다. 이 원고는 지금도 완전하게 쓰임이 있는 상태인 것은 물론이고요.

15년이 지난 지금, 그 본질이 우편물이나 전단지에서 인터넷으로 변모하면서 커뮤니케이션의 형태가 바뀌었다고 해도 버릴 것이 하나도 없습니다.

왜냐하면 제가 여기서 전달하고자 하는 것은,
단순한 HOW가 아닌,
다 타버린 야생의 벌판에 서 있다고 해도 당장 내일부터
종이와 펜만으로도 일어설 수 있는 힘이기 때문입니다.

세일즈 라이팅을 제대로 배운다면 매상을 올릴 수 있을 뿐 아니라 아주 빠른 속도로 인간성의 향상도 도모할 수 있습니다. 일단 수입이 증가하면서 자신에 대한 만족도가 올라갑니다. 자신에 대한 만족도가 충족되면 주위를 돌아보는 여유가 생깁니다. 물론 그사이에 여러 실패나 좌절을 경험할 수 있지만 그 과정에서 '에고', 즉 나 자신이 교정됩니다. 그러면서 경험에서 얻

은 진짜 재능을 사회에 제공하고 싶다는 생각이 듭니다. 이렇게 세일즈 라이팅을 통해 인간성이 향상되는 것은 왜 그럴까요? 바로 나 자신을 주어로 하는 글쓰기가 아닌, '상대를 주어로' 생각해 글을 써야만 하기 때문입니다.

상대를 주어로 둔다는 것은 어떤 의미일까요?
'나, 대단하지 않아?'
'내가 만든 상품, 정말 멋지지?'
이런 자기중심적인 사고에서 탈피해,

'당신은 대단해!'
'당신의 재능은 정말 훌륭해!'
이렇게 상대를 중심으로 두는 사고를 말합니다.

그렇다면 효과적인 세일즈 카피를 쓰려면 어떻게 해야 할까요? 우선 상대를 깊게 이해하려고 노력해야 합니다. 상대의 입장에 서서 상대에게 도움이 되기 위해 내가 가지고 있는 경험과 재능을 끌어내어 지속해서 제공해야 합니다. 그 노력에서 단 1mm라도 벗어나게 된다면 효과는 말짱 도루묵이 됩니다. 따라서 세일즈 카피를 쓰는 노력을 하는 사이, 상대를 위하는 마음도 동시에 증가하게 되는 것이죠.

상대를 주어로 쓰기 시작할 때, 돌연 세상은 변합니다. 이것은 결코 거짓말이 아닙니다. 정말입니다. '그런 간단한 것으로 세계가 바뀐다고? 그럴 리가 없어!' 여러분은 이렇게 생각할지도 모릅니다. 하지만 그 증거가 엄연히 존재합니다. 바로 여러분이 아직 이 문장을 눈에 넣고 있기 때문입니다. 그렇습니다. 이 순간, 여러분이 이 문장을 계속 읽고 있다는 사실이 바로 그 증거입니다.

왜 여러분은 여기까지 문장을 계속 읽고 있나요?

이에 대한 대답을 알고 싶다면 여기서 다시 이 글의 첫 문장을 읽어보시기 바랍니다.
"당신의 나이를 솔직하게 저에게 말씀해보세요."

보세요. 저는 저 자신을 내세우기보다 먼저 '여러분'을 이해하려 노력하고 있지 않습니까?
이 첫 문장이 만약 "내가 원고를 쓰게 된 것은 35세 때였다"라고 시작했다면, 여러분은 과연 이 글을 여기까지 읽으셨을까요? "당신의 나이 같은 것은 내 알 바가 아니오"라고 하면서 저와 여러분의 커뮤니케이션은 닫히고, 이어질 기회가 영원히 사라졌을 것입니다.

하지만 '당신'을 주어로 둔 순간부터 여러분은 여기까지 문장을 계속 이어서 보고 계십니다. 그러면서 제가 여러분에게 제공할 수 있는 것들이 무엇인지 조금씩 이해가 되고 있을 것입니다. 이 일은 작은 사건처럼 보이지만 사실은 엄청난 사건입니다. 왜냐하면 문장을 통해 비즈니스를 성공시키려면 실제로 물건을 구입하는 사람들의 수천 배, 수만 배의 사람들에게도 그 뜻이 전달되어야 하기 때문입니다.

비즈니스에 관련한 문장이 상대를 깊게 이해하려고 변화되는 순간, 비즈니스라는 수단을 통해 사람들의 지식과 경험이 급속도로 이어지게 되고, 여러분이 생각하고 있는 이상이 일시에 세계에 출현하게 됩니다. 즉, 나 자신을 주어로 하는 문장에서, 상대를 주어로 하는 문장으로 시점이 바뀌면, 세계가 재탄생하게 되는 것과 같습니다.

태초에 말씀이 있었습니다.

그 진짜 의미를 알고 싶다면 멈추지 말고, 이 책을 독파해서 실천하기를 바랍니다.

어떤 문장이라도 좋습니다. 업무에서 쓰임이 있는, 가장 가까운 문장부터 바꿔보시기 바랍니다. 그것은 여러분의 인생을 영원히 풍요롭게 하는 벌판을 여는 열쇠가 될 것입니다.

지금은 당장 와닿지 않을 수도 있습니다. 과장된 표현이라고 생각할 수도 있겠죠. 하지만 지금부터 수년이 흐르고 난 뒤, 미래의 여러분은 진실을 깨닫게 될 것입니다. 이 책에 쓰인 내용은 세계를 변화시키는 마법이라는 사실을요.

자신의 재능과 타인에 대한 배려를 가지고, 세상을 향해 최고의 마법을 부리고 싶은 여러분에게 이 책을 바칩니다.

간다 마사노리(神田昌典)

《금단의 세일즈 카피라이팅》은《불변의 마케팅》,《간다 마사노리의 매니지먼트(원서명 : 신화의 매니지먼트)》로 이어지는 간다마사노리 〈고객획득실천모임〉 시절의 3부작에서 대미를 장식하는 책입니다.

일본을 대표하는 마케터인 간다 마사노리가 가르쳤던 컨설팅 회원용 노하우를 일반에 공개한 책으로, 구체적으로는 1998년~2004년 사이에 매월 발행된 고객획득실천모임을 위한 전체 뉴스레터 중 저자와 편집부가 엄선한 주제, 사례를 게재한 내용으로 구성되어 있습니다.

'금단의 세일즈 카피라이팅'이라는 제목에서 보듯 세일즈 비법과 카피라이팅 노하우가 담겨 있습니다. 고객에게 '지금 당장'의 행동을 재촉하는 〈PASONA의 법칙〉이나 동봉한 샘플을 사용하게 하는 실황 중계 노하우, 미국에서는 반응이 2배가 된다고 하는 플랫 펜 효과 등 다양한 노하우가 소개되어 있습니다.

그중에서도 주목하고 싶은 것은 간다 마사노리와 실천모임의 회원이 직접 썼다는 세일즈 레터, 카피라이팅의 구체적인 사례입니다. 학원이나 학생복 전문점, 여행사 등 다양한 업종의 DM을 샘플로 읽을 수 있습니다. 다음의 사례를 보면, 구체적인 카피라이팅으로 바꾼 것을 볼 수 있습니다.

'경비를 삭감합니다' → '당신의 경비를 90일 이내에 최소한 17% 삭감합니다.'
'지역 제일의 점포' → '저희 매장은 취급하는 메이커 수가 71개사, 평상시 재고상품 수가 473개로, 재고량으로도, 취급 상품 수로도 지역 제일입니다!'

카피라이팅은 표현하기에 따라서 얼마든지 반응이 달라지는 것인데, 그 생생한 실제 사례를 이 책을 통해 배울 수 있습니다. 간다 마사노리의 기존 책에서 이미 소개된 노하우도 포함되어 있지만, 다시 한번 제대로 카피라이팅을 배우고 싶은 분들에게는 아주 유용한 내용인 만큼 꼭 읽어보시고 실천해서 각자의 사업에 도움을 받으셨으면 합니다.

퍼스널비즈니스협회 회장
나홀로비즈니스스쿨 대표
서승범

저는 프랜차이즈 인큐베이팅, 창업교육 사업 법인 2개의 대표이자, 영업회사의 대표입니다. 간다 마사노리의 모든 책을 '사업 공략집'으로 삼고 실천한 결과, 지금의 위치까지 올라왔다고 자부합니다.

국내 출판된 간다 마사노리의 책을 모두 읽어본 극성팬으로서 저는 늘 딱 하나의 궁금증이 있었는데요.

'이론? 실전? 책 내용 다 좋다 이거야. 그런데 도대체 당신은 어떻게 카피라이팅을 한 거야? 실제 사례를 공개할 수는 없는 건가? 나는 이게 더 궁금한데….'

드디어 저는 이 궁금증을 해결해주는 이 책,《금단의 세일즈 카피라이팅》을 드디어 만나게 됐네요! 참고로 이 책은 절판되어 재출간되는 것이 아닙니다. 국내에 처음으로 출간되는 책입니다.

간다 마사노리 마케팅의 핵심은 '감정 마케팅'입니다. 어떻게 글쓰기로 풀어내어 비즈니스에 접목했는지 눈으로 직접 볼 수 있는 기회를 여러분도 얻게 되셨습니다. 이런 이유로 이 책은 결국 다른 간다 마사노리 책들처럼 곧 품절이 될 수도 있으니 미리 소장하시길 추천드립니다.

이 책을 보고 계시는 여러분은 마케팅 관련 업종에 종사하고 있을 확률이 높습니다. 책 제목만 보면 글쓰기에 관심이 많거나, 마케터만 볼 법한 내용인데요. 정작 저처럼 글쓰기를 이용한 마케팅으로 세일즈 하는 사람들에게 더 필요한 책이 아닌가 싶습니다. 그 이유는 이 책에서 마케팅과 세일즈, 두 개의 주제를 동시에 다루고 있기 때문입니다. 비슷해 보이지만 엄연히 다른 개념이라고 설명하고 있습니다. 이 차이점을 알고 시작하는 비즈니스는 분명 시작점부터 다르다는 것을 깨닫게 되었습니다. 여러분도 이 개념만큼은 꼭 습득하시길 바랍니다.

솔직히 이 책이 출간되지 않았다면, 소개된 사례를 바탕으로 실전 마케팅 고액 강의의 대본이 됐거나, 세일즈맨을 위한 영업 스킬 강의가 됐을 수도 있겠다 싶습니다. 책을 읽는 내내 저도 당장 제 사업에 접목하면 영업효율을 올려 바로 매출 상승 효과를 볼 수 있을 것으로 생각했으니까 말이죠.

제가 간다 마사노리 책을 좋아하는 이유는 바로 이것입니다. 지금 당장 실천할 수 있는 마케팅 책이라는 점! 읽고 있으면 빨리 실천해보고 싶어지는 그런 책!

실전서인 이 책을, 그냥 읽고 덮기만 하기에는 너무 귀한 내용이 담겨 있습니다. 반드시 '실천'의 중요성을 아는 사람에게만 이 책을 추천합니다.

㈜빌드업벤처스 대표
프랜차이즈 사업가
이근우

차 례

제1장 | '금단의 법칙' 편

제2장 | '금단의 DM' 편

이 책은 1998년~2004년 사이에 매월 발행된
고객획득실천회(추후 단토츠 기업 실천회)를 위한 모든 뉴스레터에서
저자와 편집부가 엄선한 토픽, 사례들을 게재하고 있습니다.
게재한 시기는 랜덤이며, 또한 문장도 원칙적으로
당시 저자의 표현 그대로 유지하고 있습니다.
현재 시점에서 보면, 사례로 들기에 오래된 것도 있지만
선정된 내용은 현재에도 효과가 상당한 '금단의' 테크닉입니다.
이런 점을 감안하셔서 당시의 저자들과 실천회의
'뜨거운 싸움'을 즐겁게 관람하시길 바랍니다.

- 편집부 -

'금단의 법칙' 편

'세일즈 라이팅'은 당신의 회사, 당신의 비즈니스를 '한 방에' 바꿔버릴 정도의 위력을 가지고 있습니다. 이 책에서는 간다 마사노리의 '효과를 끌어내기 위한 문장술'의 기본을 소개합니다. 제일 먼저 필요한 것은 '쓰는 힘'을 기르는 것. 그것을 손에 넣기 위해 잊지 말아야 할 '규칙'을 알아봅시다.

01 당신의 비즈니스를 깊게 이해시켜라

전술 레벨로 실적을 올리는 방법

．．．．．．．．．．．．．．．．．．．．．．．．．．．．．．．．．．．．．．．

어떤 메시지를, 어떤 언어를 사용해, 어떻게 쓰느냐…? '세일즈 카피라이팅'은 바로 실적을 올릴 수 있는 최강의 전술입니다. 여기서는 간다 마사노리의 광고 표현의 정석이라고 할 수 있는 '6개의 질문' 또는 'PASONA의 법칙'을 기본으로 한 글쓰기 비법을 소개합니다.

●상품, 고객, 우위성을 이해하는 6개의 질문

비즈니스에 있어서 '전략'은 중요한 항목입니다. 조금 매상이 올랐다고 해서 기뻐하는 단계를 벗어나, 비즈니스 모델 자체를 검토하지 않으면 안 됩니다. 또한 비즈니스에는 '사명감'도 필요합니다. 어떤 이는 사명감이 대체 내일의 매상에 어떤 영향을 주는지 아리송할 수 있지만, 사명감이야말로 비즈니스를 움직이는 엔진입니다. 사명감이 없다면 발상 자체가 떠오르지 않습니다. 발상이 생기지 않는다면 전략 또한 세울 수 없습니다. 전략이 없다면, 비즈니스는 단기적인 성과로 끝나버리게 됩니다. 그런데 전략의 중요성을 깨닫기 위해서는 먼저 실적을 향상시킬 때 '전술' 레벨에서 체험하는 것이 필요합니다.

그래서 여기서는 전술 레벨에 관한 이야기를 해볼까 합니다. 전술 레벨은 '상품을 어떤 깔끔한 말로 판매해야 팔리는 메시지가 될까?'라는 지점에 있습니다. 팔리는 깔끔한 말을 만드는 방법론은 꽤 과학적인 방식으로 만들 수 있습니다. 거기에는 2가지의 큰 과정이 존재합니다.

첫 번째 과정은 당신의 비즈니스를 더 깊게 이해하는 것입니다. 구체적으로 말씀드리면, 자신의 상품에 대해 한 발짝 더 가까이 다가가 깊게 이해합니다. 자신의 고객에 대해서도 한 발짝 더 깊게 이해하고, 자신이 가지고 있는 우위성에 대해서도 한 발짝 더 깊게 이해해봅니다. 이런 행위를 더욱 수월하게 진행하는 데 필요한 질문이 다음의 6개의 질문입니다.

① 이 상품은 한마디로 어떤 상품인가? 그 특징 2가지를 20초 이내로 간단하게 설명한다면?

② 이 상품을 20초간 설명한 것만으로도 "어떻게든 그 상품을 팔아주세요"라고 머리를 숙여 애원하는 고객은 어떤 고객들일까?

금단의 세일즈 카피라이팅

③ 닮은 회사가 여럿 있는 가운데, 왜 기존 고객은 당신의 회사를 선택했을까? 비슷한 상품을 출시하는 회사들이 많은 가운데, 왜 기존 고객은 당신의 회사가 만든 이 상품을 구매하게 된 것일까?

④ 대체 고객은 어떤 장면에서 소리를 지르고 싶을 정도로 분노를 느끼고 있는 것일까? 어떤 일에 밤잠을 설칠 정도의 욕구를 지니는가? 그 분노, 고민, 불안, 욕구를 느끼는 고객의 모습을 시각적으로 묘사한다면?

⑤ 왜 이 상품은 그 고민을 간단하게, 단기적으로 해결할 수 있는가? 그것을 듣는 순간, 고객은 어떤 의심을 품게 될까?

⑥ 그 시기심을 날려버릴 구체적, 압도적인 증거는 무엇인가?

앞의 6개의 질문에 대답하고 있는 사이, 상품에 대해서, 고객에 대해서 자동으로 깊은 이해가 생깁니다. 팔리는 캐치프레이즈라고 하는 것은 그 깊은 이해심에서 탄생합니다. 팔리는 캐치프레이즈가 머릿속에 떠오르지 않는 것은 적절한 질문의 방법을 모르기도 하고, 스스로 하지 않기 때문이기도 합니다. 그렇습니다. 적절한 해답은 적절한 질문을 했을 때 얻을 수 있습니다.

● '갭'이 사람을 움직이게 한다

팔리는 문장을 쓰기 위해서 두 번째로 중요한 포인트는 이야기를 푸는 '순서'입니다. 이를 'PASONA'의 순서라고도 합니다. 즉 문제점의 명확화(P), 문제점 키우기(A), 해결책의 제시(SO), 범위 축소(N), 그리고 행동을 향한 부름(A)의 순서로 나열하면 아주 적절하게 행동하기 쉬운 메시지가 탄생합니다.

'PASONA의 법칙'은 상당히 강력합니다. 왜 그럴까요? 그것은 인간의 행동원칙과 일치하기 때문입니다. 인간의 행동을 일으키는 메커니즘은 상당히 단순합니다. 예상되는 기대와 현실의 갭이 견딜 수 없을 정도로 벌어질 경우, 인간은 행동을 취합니다. 저는 이를 '구매갭이론'이라고 부릅니다. 그 메커니즘은 저의 책《입소문 전염병》에 쓰인 입소문·갭이론과 유사합니다.

구매갭이론을 어느 여행대리점의 작품의 예로 적용해 설명하겠습니다.

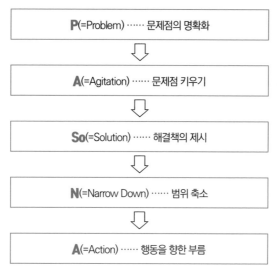

PASONA(파소나)의 법칙

P(=Problem) ······ 문제점의 명확화

⇩

A(=Agitation) ······ 문제점 키우기

⇩

So(=Solution) ······ 해결책의 제시

⇩

N(=Narrow Down) ······ 범위 축소

⇩

A(=Action) ······ 행동을 향한 부름

※ 글을 쓰는 데 빼놓을 수 없는 순서.
고객의 구매 심리를 인간이 행동하는 메커니즘에 포함시킨 글쓰기 테크닉

　잘된 광고와 효과가 별로 없었던 광고의 차이는 어디에 있는지 비교해볼까요? 먼저 비교적 성공한 광고의 예로 '어떻게 될까? 황금연휴 대격전'이 있습니다(31페이지 참고). 이 DM이 고객에게 왜 반응이 좋았는지는 다음의 시점에서 분석해볼 수 있습니다.

　사례의 광고 제목은 '어떻게 될까? 황금연휴 대격전'이라고 되어 있습니다. 여기서 제1의 갭이 있습니다. 보통의 일반적인 DM과는 사뭇 다른 제목이기 때문에 이를 본 고객은 '대

체 뭘까?'라는 호기심이 생깁니다. 즉, 기대와 현실에서 차이가 발생하는 거죠.

그리고 그 뒤에 나오는 '결국 즉시 답변받기가 어려우며, 여러분의 귀중한 시간과 전화요금만 낭비되고 맙니다'라는 이 문장이 제2의 갭을 발생시킵니다. 고객은 '지금은 불황이니까 언제든 티켓을 살 수 있을 거야'라는 기대감이 있을 것입니다. 하지만 그 기대와는 반대로 실제로는 티켓을 쉽게 구하지 못할 것이라는 점을 강조하고 있습니다.

다음으로 '직전에는 가격이 싸진다'라는 기대감을 고객은 갖고 있습니다. 그런데 이 또한 반대로 '싸지지 않는다'라고 적혀 있습니다. 이것이 바로 제3의 갭이 됩니다. 이해가 좀 되시나요?

어떻게 될까? 황금연휴 대격전

저는 신문을 보고 깜짝 놀랐습니다. 도대체 어떻게 이런 일이 일어날 수 있을까요? 정말로 우리 중소기업들은 점점 도태될까요? 아~ 점점 디플레이션의 소용돌이에 빠지고 있습니다. 이 와중에 웃고 있는 것은 운송회사와 최종 소비자(엔드 유저)뿐인가요? 왠지 호들갑을 떠는 것 같습니다만, 대기업 J●B, K●T의 황금연휴 상품이 매우 저렴하게 나와버렸습니다. 하아~! 제 입에서 나오는 것은 한숨뿐이군요!

하지만 반대로 대형 여행사들의 광고 홍보 덕분에 각 출발일마다 고객들이 몰릴 것이라고 생각합니다. 그렇게 되면 다소 가격이 비쌌다고 해도 'WATING'이 되어버립니다. 그 때문에 대기업 PKG에 문의하거나, 다른 도매상에게 문의하셔도 결국 즉시 답변받기가 어려우며, 여러분의 귀중한 시간과 전화 요금만 낭비되고 맙니다.
그뿐만 아니라 직전이 되면 당사와 같은 소기업에서는 인원이 부족해서 여러분에게 만족스러운 대응을 할 수 없게 됩니다. 이는 참으로 가슴 아픈 일이 아닐 수가 없습니다.

> 그래서 부탁의 말씀을 드립니다.
> 4월 7일까지 사전 판매에 협조해주실 수 있겠습니까? 그 답례로 정상가격보다 큰 특가 스페셜 가격으로 준비했습니다. 스페셜 가격이라 특별해서 어디 대형 여행사나 다른 도매상 같은 곳을 찾아보셔도 지금은 이보다 더 좋은 기회를 찾을 수는 없을 것입니다. 저희의 자존심이기도 하고, 무엇보다 이 안내도 특약점인 56개사에만 사전에 연락해놓은 것입니다.

저희 ○○○○○투어는 아시다시피 나고야에서 한국 여행 전문점으로 꾸준히 여러분들의 협력을 받아 한국 여행 상품을 판매해왔습니다. '싼데 자리가 없다'라거나 '싼데 호텔이 안 좋다'와 같은 예는 없습니다. 그 점을 감안해 패키지 상품 등을 잘 살펴보셨다면 아실 것입니다. 어디를 가도 이보다 이득인 상품은 없다는 것을 말이죠. (좀 과장된 표현일까요?) 왜냐하면 저희는 한국 전문 여행사로서 18년의 실적과 경험으로 항공회사로부터 높은 신뢰를 얻고 있으며, 대기업 여행사에 못지않은 상품가격과 충분한 좌석을 확보하고 있기 때문입니다.

마지막이 됐습니다만, 마감 기일 후에는 기타 875사의 판매점 여러분께 일제히 FAX로 안내가 나갈 예정이오니 그전에 빠른 연락을 하셔서 좋은 상품을 선점하시기 바랍니다. 진심으로 기다리고 있겠습니다.

한국 여행 전문점 ○○○○○투어

TEL : 052-561-●●●●

FAX : 052-561-●●●●

담당 : ●●, ●●, ●●까지

P.S. 소소하지만 한국의 고려 인삼차를 동봉합니다. 지친 몸을 치유하세요.

갭이 많을수록 현실과 기대와의 차이는 점점 더 벌어집니다. 차이가 벌어질수록 고객은 심리적으로 불균형을 느낍니다. 이 불균형이 견딜 수 없을 정도로 확장되면 머리의 회로가 바뀌어 행동을 일으키게 됩니다. 즉 갭이 벌어지면 벌어질수록 DM에 대한 고객의 반응도가 올라간다는 것이죠.

이와 반대로 '본인은 재미있게 만들었다고 생각하는데 영 반응이 시원치 않은' 사례를 소개하겠습니다(33페이지 참고). 이 DM을 보실 때 갭이 어느 정도 발생하는지의 관점으로 살펴보시길 바랍니다.

제목은 '스트레스로 기진맥진한 당신! 피곤한 몸을 쉬기 위해 떠나자!'입니다. 여기에는 기대와 현실에 있어서 갭이 발생하지 않는군요. 그리고 이어지는 문장, '바쁠 때는 종종 멍때리기를 해보는 것은 어떨까요?'에도 역시나 놀라게 되지는 않네요. 그렇다는 것은 기대와 현실 사이에 갭이 도통 존재하지 않는다는 뜻입니다. 광어회, 그리고 제주 흑돼지 갈비가 나오고 나서야 기대 이상의 현실이 존재할지도 모른다는 것을 알게 됩니다. 하지만 '아! 정말 그렇구나!' 하고 크게 놀랄 정도로 갭이 존재하지는 않습니다. 그러므로 고객들의 반응도 시큰둥할 수밖에요.

인간의 행동이라는 것은 단순합니다. 결국, 기대와 현실의 차이에서 샘솟을 수밖에 없습니다. 이러한 사실을 사례로 제시한 DM에서 엿볼 수가 있고요.

금단의 세일즈 카피라이팅

스트레스로 기진맥진한 당신! 피곤한 몸을 쉬기 위해 떠나자!
- 한국 여행 18년! 한국 여행의 전문점   ○○○투어 -

사장님, 그리고 직원 여러분들 건강하시죠? 바쁠 때는 종종 멍 때리기를 해보는 것은 어떨까요? 최근 한국이라고 하면 '서울'이지만 가볍게 떠나기에는 여기 일이 너무 바쁘지 않은가요? 그렇다고 너무 일에 파묻혀 지내지는 말고 유유자적 떠나보는 것은 어떨까요? 창 너머 보이는 풍경에 심취해 보기도 하면서 마음의 휴식을 도모해볼까요? 그야말로 힐링 여행! 물론 식사도 신선한 해산물 천지입니다. 광어회도 좋고 갈비도 준비되어 있습니다. 특히 지역 명물인 흑돼지 갈비는 최고입니다! 흑돼지 먹고 파워 업 틀림없습니다! 게다가 골프장도 10분이면 갈 수 있죠. 특히 ORAC.C는 넓어서 아주 마음에 드실 것입니다. 스트레스 같은 것은 날려버리고 오자고요! 특히 이번에는 1라운드 후에 하프 라운드는 무료입니다. 당장 결정해버리자고요! 최근 여러모로 지친 여러분에게 이보다 더한 기회는 없습니다. 어디냐고요? 바로 제주도입니다!

◆ **제주 3일간 기본일정**

  1일째 나고야에서 직항으로 제주도 도착
  2일째 하루 종일 자유여행
  3일째 출발할 때까지 자유여행 후
      공항 도착 직항으로 나고야 도착

◆ **최소 출발 인원** : 2명
◆ **이용 예정 호텔** : 제주 그랜드 호텔
◆ **식사 조건** : 조식 0회/점심 0회/석식 0회
◆ **인솔 직원** : 없음. 현지 가이드가 안내합니다.

○○○ 투어는 이 점이 다릅니다!
① ORAC.C 골프 1라운드 후의
   하프 라운드는 무료!
   (하프 라운드 시, 캐디 팁, 세금은 별도)
② 호텔 내 사우나, 헬스클럽 50% 할인
③ 신라면세점 할인 쿠폰, 기념품 증정

성인 기준 여행 경비 안내(NET)

(단위 = 엔)

출발일 한정	NET	추가 객실 요금(2박)	참고
7/11	33,000	16,000	● 이용항공회사(KE756/755 이용)
6/6, 13, 20, 27	36,000	16,000	NGO/CJU (수) 18:00/20:00 CJU/NGO (금) 15:20/17:00

☆ 주의 : 상기 요금은 골프 요금을 포함하고 있지 않습니다. 옵션 안내를 참고 바랍니다.
☆ 옵션 안내 : 골프 1PLAY ----- ¥ 16,000(NET) 평일 PLAY 요금
      (주의 : 1팀 3명 이상, 캐디팁, 렌탈 도구 요금은 별도)

지금 바로 확인 후 연락 바랍니다!
TEL : 052-561-○○○○   FAX : 052-561-○○○○
한국 여행의 전문점 ○○○ 투어   담당 : ○○○○

(원문 그대로)

저는 광고를 보면 그 순간 바로 알아차립니다. 어디가 잘못된 것인지, 어떻게 하면 고객의 반응을 끌어올릴 수 있을 것인지를 말이죠. 그 비밀이 무엇이냐면 '갭을 민감하게 활용하는 것'입니다. 갭이 적은 DM은 반응이 적을 수밖에 없습니다. 갭이 적은 문장은 고객의 심리적 균형을 깨뜨릴 수 없습니다.

02 문장은 정보를 전달하는 것이 아니다
고객이 '역시!'라고 생각하게 하려면?

광고만 고객을 향해 있는 것은 아닙니다. 약간의 문서, 그러니까 예를 들면 새로운 소식을 알리는 안내서도 회사의 자세를 알리는 중요한 마케팅 도구가 될 수 있습니다. 그 중요한 문서를 쓰는 데 필요한 팁은 단순한 '비즈니스의 기본'에서 얻을 수 있습니다.

● '어? 고객이 이해하고 있어'

어제 있었던 일입니다. 직원에게 문장을 잘 쓰는 방법을 알려주다가 아주 단순한 방법을 발견했습니다. 당연히 여러분에게도 그 방법을 알려주고 싶군요. 제 회사의 직원과는 뭔가 강의를 나누는 느낌이 들었습니다. 저는 직원에게 도쿄에서 열리는 포토 리딩1) 세미나에 참가하는 지방 참가자들을 위한 호텔 리스트를 만들어달라고 요청했습니다. 그런데 직원은 호텔 리스트를 만들어도 충분한 대응이 되지 않을 가능성이 있으니 호텔 리스트를 만드는 것은 괜한 일인 것 같다고 말했습니다.

저는 "우리 회사(주식회사 알마크리에이션즈)의 규칙은 고객의 기대에 부응하는 것"이라고 강조하며, 계속 만들 것을 요청했습니다. 그러자 직원은 아래와 같은 리스트를 만들어왔습니다. 이것을 먼저 봐주시길 바랍니다. 어떻게 생각하시는지요. 음, 저의 관점에서 보면 도저히 이 문서는 우리 회사 밖으로 유출하고 싶지 않은 문서이긴 합니다만.

에비스·시부야 인근 호텔의 안내		
호텔명	**전화번호**	**가는 방법**
웨스틴호텔도쿄	——————	JR에비스역에서 도보 8분
시부야엑셀호텔도큐	——————	JR시부야역에서 도보 1분
시부야도큐인	——————	JR시부야역에서 도보 1분
시부야토부호텔	——————	JR시부야역에서 도보 8분
샴피아호텔아오야마	——————	JR시부야역에서 도보 10분
힐포트호텔	——————	JR시부야역에서 도보 3분
호텔 썬루트시부야	——————	JR시부야역에서 도보 5분

(원문 그대로)

---

1) 포토 리딩 : 간다 마사노리가 대표를 맡아 일본에 보급한 미국 신경언어 프로그래밍 박사 폴 R. 쉴리(Paul R. Scheele)가 엮어낸 '책장을 뇌에 베끼다'라고 하는 내용의 경이로운 속독술입니다. 해설서《당신도 지금보다 10배 빨리 책을 읽을 수 있다》는 50만 부가 넘는 베스트셀러가 됐습니다.

이 지점에서 저는 문서 쓰는 방법을 직원에게 지도하기로 했습니다. 저는 이렇게 직원에게 전달했습니다.

"문서는 말이죠. 정보를 단순히 전달하는 것이 아닙니다. 기분을 전달하는 것이죠. 알겠습니까? 읽는 이가 이 문서를 본 순간, '알마크리에이션즈는 지방에서 출장을 온 사람의 기분을 잘 헤아려 주는구나!', '역시 알마크리에이션즈의 직원이야!' 이런 감정을 가지면 좋지 않나요? 그런 기분을 읽는 이에게 갖게 하려면 어떻게 써야 할까요?"

이와 같이 '문서를 쓰는 마음 자세'를 전달해 직원이 수정해 온 내용이 다음의 리스트입니다. 어떤가요? 달라진 점이 눈에 띄시나요? 이 리스트를 보고 어떤 기분이 드시나요? 단순한 리스트일지도 모릅니다. 하지만 그 리스트 안에서도 이 정도로 큰 차이가 느껴지는 것을 알 수 있습니다.

'문서는 정보를 전달하는 것'이라고만 생각한다면 큰 오산입니다. 기분(감정)을 전달하는 방법을 직원에게 꼭 알려주고 싶네요.

에비스·시부야 인근 호텔의 안내

호텔명	전화번호	가는 방법과 스태프 코멘트
웨스틴호텔도쿄	————	JR에비스역에서 도보 8분 * 세미나장은 바로 근처! 도쿄를 대표하는 일류 호텔
시부야엑셀호텔도큐	————	JR시부야역에서 도보 1분 * 지금 최고로 랜드마크가 된 최신 호텔
시부야도큐인	————	JR시부야역에서 도보 1분 * 비즈니스호텔을 원한다면 여기를 추천
시부야토부호텔	————	JR시부야역에서 도보 8분 * 공원이 인근에 있어 인기 만점. 쇼핑도 편리!
샴피아호텔아오야마	————	JR시부야역에서 도보 10분 * 비즈니스호텔이지만 주위 환경은 럭셔리한 분위기
힐포트호텔	————	JR시부야역에서 도보 3분 * 시부야 중에서도 쾌적한 입지로, 교통도 편리!

자세한 객실 상황과 요금 등을 알아보려면

이사이즈 트래블　http://www.isize.com/travel/jp.html
Yahoo! 트래블　http://travel.yahoo.co.jp/　　　　　등이 편리합니다.

멀리서 세미나에 오시는 참가자분들은 참고 바랍니다.

(이 리스트는 호텔 근무 이력이 있는 ○○○가 작성했습니다!)

(원문 그대로)

03 세상을 바꿀 1통의 편지

움직이게 하고 싶은 방향으로 움직이게 하는 표현법은?

다이렉트 마케팅이라고 하면 '고객을 획득하는 〈조직 만들기〉가 전부'라고 생각하는 사람들이 많을 것입니다. 그런데 더 중요한 것은 '고객에게 무엇을 전달할 것인가?'입니다. DM으로 치자면, 그 안에 들어가는 편지(레터)의 내용이겠죠. 여기서 보여드리고 있는 사례들처럼 편지의 내용(고객이 어떻게 움직이게 할 것인지)에 따라 비즈니스는 크게 확장될 가능성이 있습니다.

● 신뢰할 수 있는 회사와 신뢰할 수 없는 회사의 차이점

우선은 1통의 편지를 소개하겠습니다(40~41페이지 참고). 이 편지를 작성하기까지 몇 번인가 저와 실랑이가 있었는데, 상속

지원센터²⁾의 요네다(米田) 사장은 제가 말하는 포인트를 잘 짚어내 아주 좋은 편지를 작성했습니다. 23만 엔의 비용을 지출해, 400만 엔 이상의 이익을 얻어낸 편지이기도 합니다. 불과 2개월 사이에 작년 반년분에 해당하는 매상을 이 편지로 얻을 수 있었죠. 특히 주목할 만한 것은 고객의 반응률입니다.

삼가 고인의 명복을 빌며 마음 깊이 여러분의 평화를 기원합니다.

저희들은 변호사, 법무사, 세무사, 토지 조사가 등 전문가들이 모인 곳으로, 상속에 관한 종합지원 서비스를 제공하고 있는 아카시·미츠키 지구 담당의 상속지원센터입니다.

여러분이 상심에 빠져 있는 이런 시기에 저희가 무례를 무릅쓰고 편지를 보내게 된 것은 큰 슬픔을 지나는 사이 상속에 관한 절차를 놓쳐, 이후 대단한 불이익을 얻게 되는 사람들이 많기 때문입니다.

상속절차라는 것은 우리 생애에 있어 몇 번 오지 않는 드문 일입니다. 다른 사람과 이에 관해 이야기를 나누는 일도 별로 없습니다. 따라서 정확한 정보를 얻기도 어렵습니다. 어디서 어떻게 손을 써야 할지, 수수료는 얼마인지 등 불안에 떠는 사람들이 많습니다. 넋 놓고 절차를 이행하지 않는 사람도 많습니다만, 그렇게 하면 이후에 큰 곤란에 빠지기도 합니다.

<u>바로 상속절차를 이행하지 않아서 생기는 불이익의 예를 들어보겠습니다.</u>

· 원래 받아야 할 상속재산을 받을 수 없게 된다.
· 절차를 이행하지 않아 벌금을 물게 된다.
· 전문적인 절차 이행에 비해 상당한 수수료를 물게 된다.
· 무엇부터 손을 써야 할지 모르게 된다.
· 돈 때문에 친척, 가족관계가 붕괴되는 원인이 된다.

현재, 일반적이면서도 전문적인 절차에 대해 상담을 진행하고 있는 곳은 신탁은행과 같은 곳뿐입니다. 따라서 아주 일부의 사람들만 서비스받는 실정입니다.

정말로 상속절차를 이행하면 안 되겠다고 생각하면서도 어디에 상담받아야 할지 몰라서 못 하는 분들이 많습니다.

---

2) 상속지원센터 : 현재의 상속수속지원센터입니다. 지금은 전국 47개소의 지부가 있으며, 지부의 확장이 계속 이뤄지고 있습니다.

지금까지 저희들이 상담을 해본 바, 즉시 상속절차를 이행하지 않으면 안 될 정도로 다급한 상황도 많았습니다. 그런 상황에서는 충분한 상담이 이뤄지지 않았던 것이 안타까울 따름입니다.

　　우선, 여러분이 불안에 떨고 있는 내용을 조금이라도 해소하고자 상속이 발생된 시점으로부터 3개월 미만의 고객들을 위해 무료상담을 진행합니다.
　　(전문적 상속절차를 이행하기 위해서 3개월 이내에 해결해야 할 것이 있기 때문)

　　무료상담에서는 전문적인 절차에 대해 자주 질문을 받는 다음의 사안을 이해관계가 없는 제삼자의 입장에서 대답해드립니다.

· 누가 법정상속인이 되는가?
· 무엇부터 손을 써야 하나?
· 수수료는 어느 정도일까?
· 상속세는 어느 정도일까?
· 절차를 진행하지 않으면 곤란해지는 점은 무엇일까?
· 유산 분할을 어떻게 이야기를 꺼내야 좋을까?

　　무료상담은 개별로 상담을 진행해서 다른 사람과 겹치지 않도록 진행하고 있습니다. 먼저 전화로 상담일자를 받아보시길 바랍니다. 상담장소는 사무국, 또는 자택 중에서 편하신 쪽으로 선택하시면 됩니다.

예약수신전화번호 : 0794 - 89 - ○○○○
전화상담가능시간 : 오전 9시~오후 7시(월~금)
수신처　　　　　 : 상속지원센터

　　지금 이 무료상담을 안내받으면 어렵게 느껴지는 절차를 간단하게 알 수 있는 '62의 장례 후 절차를 한 번에 알 수 있는 체크리스트'를 보내드립니다. 부디 상담을 진행하셔서 참고하시면 좋겠습니다.

　　마지막으로 인사를 드립니다. 세상 모든 사람에게 보탬이 되어 여러분들의 마음이 하루라도 빨리 편안해지시기를 마음으로부터 간절히 기원드립니다.

상속지원센터
아카시·미츠키 지구 담당
요네다 타카토라(米田貴虎)

추신 : 무엇을 상담받아야 할지 모르겠다는 이유로 관심은 있지만 이용하지 않는 분들이 계십니다. 그런 분들일수록 나중에 고민에 빠지는 분들이 많으시기 때문에 부디 마음 편히 이용하시기 바랍니다. 저희 전문가들이 여러분을 돕겠습니다.

(원문 그대로)

다른 것보다 발송비가 적게 드는 DM이 오히려 반응률이 올라갑니다. 처음에는 그 안에 팸플릿 등 여러 자료를 넣기도 했습니다. 그런데 그런 자료를 덜어내면 발송비가 적게 들면서 반응률은 1.2%에서 2배 이상인 2.48%까지 올라갔습니다. 이는 무엇을 의미하는 것일까요? 편지의 내용이 제대로 임팩트 있게 쓰여 있다면, 그 외의 것은 부수적으로 넣지 않는 것이 도리어 효과적이라는 뜻이 됩니다. 정말 귀중한 경험 아닌가요?

사실 다이렉트 마케팅에서는 '편지'와 '신청서', '고객의 소리', 그리고 '색깔 있는(2가지 색상 이상) 팸플릿', 이 4가지를 갖추는 것이 총칙입니다. 그런데 여기에도 예외는 존재하더군요.

이 1통의 편지에는 대단한 임팩트가 숨겨져 있습니다. 이를 계기로 상속을 준비하는 많은 사람이 결집할 가능성이 있습니다. 저도 1통의 편지로 3,000개사를 넘는 고객획득실천회의 회원들을 모집했던 경험이 있습니다. 그때의 제 경험과 앞선 편지의 사례는 어딘가 모르게 많이 닮아 있습니다.

그렇다면 왜 이 편지가 상속을 아우르는 비즈니스에서 대단한 반향을 일으킨 편지가 됐을까요? 바로 상속지원서비스의 '입구'가 됐기 때문입니다. 상속은 큰 비즈니스입니다. 현재 60세 이상의 고령자가 늘어나는 추세에서 알 수 있듯이, 수년이 지나면 현 세기 최대의 부의 이동이 이뤄진다는 보고가 있습니다.

상속은 장례와 비슷할 정도로 큰 시장이지만, 상속을 전문으로 전국에서 시스템을 갖춰 양질의 서비스를 하는 회사는 없었습니다. 장례 서비스로 상장한 회사는 있지만, '상속'으로 상장한 회사는 없다는 것이 그 증거입니다. 왜 지금까지 전국을 대상으로 상속 서비스가 이뤄지지 않았을까요? 그것은 바로 상속이 필요한 사람들을 위한 조직 구성이 이뤄지지 않았기 때문입니다.

그런데 이 편지는 상속이 필요한 사람들에게 손을 내밀 수 있는 좋은 도구가 됐습니다. 왜냐하면, 상속을 하는 사람의 입장에서 마음의 고통을 이해하고 공감을 얻을 수 있는 편지가 됐기 때문입니다.

과장된 말처럼 들릴지도 모르겠습니다만, 전국을 향해 이 편지를 보낸다면, 2주 후에는 수많은 사람이 이 상속지원센터에 몰리게 될 것입니다. 즉, 상속지원을 할 우수한 인재를 전국에 배치해 단번에 DM을 보내면 수개월 후에는 일본에서 최고의 상속 지원 회사가 될 수 있다는 말입니다. 신뢰할 수 있는 회사와 신뢰할 수 없는 회사의 차이는 단 1통의 편지에 있다는 것을 명심하세요. 고객의 아픈 마음을 헤아려 공감을 얻어내는 것이 무엇보다 중요합니다.

● 행동하지 않는 데서 오는 단점이 있을까?

앞선 편지의 포인트를 한마디로 표현해볼까요? 바로 행동하지 않는 데서 오는 단점을 부각한 것입니다. 다음의 표현에 주목해주세요.

- 큰 슬픔을 지나는 사이 상속에 관한 절차를 놓쳐, 이후 대단한 불이익을 얻게 되는 사람들이 많기 때문입니다.
- 바로 상속절차를 이행하지 않아서 생기는 불이익의 예를 들어보겠습니다.
- 다급한 상황도 많았습니다. 그런 상황에서는 충분한 상담이 이뤄지지 않았던 것이 안타까울 따름입니다.

요약하자면, '우리의 상담이 얼마나 훌륭한지', '상속 상담을 받는 것이 얼마나 중요한지'를 설명하는 게 아닌, 이 순간, 상담받지 않으면 얻게 되는 안 좋은 점에 대해 집중적으로 설명하고 있습니다.

행동을 하게 되면 얻게 되는 장점을 부각함과 동시에 '행동하지 않았을 때 얻게 되는 단점'을 알리고 있는 거죠. 이런 방식으로 상담하지 않았을 때의 단점을 부각시킴으로써 고객은 '상담받지 않으면 큰일이 나겠구나' 하는 인식을 하게 됩니다.

금단의 세일즈 카피라이팅

하지만 그 정도의 충격으로 고객은 좀처럼 움직이지 않습니다. 왜냐하면 무엇을 상담받으면 좋을지 잘 모르기 때문입니다.

그래서 여기서 추신이 들어갑니다.

- 무엇을 상담받아야 할지 모르겠다는 이유로 관심은 있지만 이용하지 않는 분들이 계십니다. 그런 분들일수록 나중에 고민에 빠지는 분들이 많으시기 때문에 부디 마음 편히 이용하시기 바랍니다. 저희 전문가들이 여러분을 돕겠습니다.

상대가 고민하는 것을 잘 이해하고 문장으로 표현하는 것. 이렇게 하면 고객은 행동하게 됩니다.

이 편지의 형식은 무료상담을 시작하려는 사람이면 누구나 활용할 수 있습니다. 주택 문제, 보험 문제, 의료 문제 등 그 어디에나 적용할 수 있습니다.

실천회의 기초란?

조직을 생각하지 않고서는 비즈니스는 꿈도 꿀 수 없다

간다 마사노리 마케팅의 진수를 제대로 알려면 그가 만든 '고객획득 실천회'의 이름 그대로 '실천'을 지속시키는 '광고의 법칙'을 전제로 해야 합니다. 여기서 소개할 기사는 어느 회원의 '실패담'입니다. 그 사례를 통해 결코 잊어서는 안 될 광고의 법칙을 철저하게 복습해봅시다.

● 6개의 '기초'를 알아보기

다음에 선보일 사례는 주식회사 데리카의 이시하라(石原) 사장의 엔트리 작품이기도 합니다(48~49페이지 참고). 이시하라 사장은 저에게 "더 확실하게 해줬으면 좋겠다"라는 요청을 보내왔습니다. 저는 그의 요청에 부응하고자 합니다. 지금부터 꽤 신랄한 비판을 할 것이지만, 전체 회원을 위해서도 이시하라 사장에게 양해를 부탁드립니다.

솔직히 이시하라 사장이 보내온 자료를 본 순간, 한숨부터 나왔습니다. '아아, 내가 여태까지 말한 것이 하나도 반영이 되어 있지 않잖아' 하고 말이죠. 저는 매일 성심을 다해 회원들에게 뉴스레터를 발행하고 있는 사람입니다. 그런데도 저의 뉴스레터를 보지 않은 것인가요? 힘이 쭉 빠지고, 눈앞에서 이 자료를 본 순간 뛰쳐나가고 싶었습니다. 실천회의 기본 원칙은 이 자료에 하나도 없었으니까요. 그래서 이 시점에서 실천회의 기준을 몇 개 복습해보고자 합니다.

실천회의 기초 ①

반응은 배포 부수로 예측하면 안 된다. 1개의 자료청구비용으로 예측하라

광고매체의 배포 부수의 숫자로 고객의 반응률을 예측하는 것은 함정이 있습니다. 어떤 사람은 이렇게 말하곤 하죠. "15만 부 이상 배포했으니까 적어도 300 정도의 반응률은 있을 거야!" 하지만 이것은 잘못된 생각입니다.

공표된 배포 부수는 오르락내리락합니다. 매체에서 반응을 얻을 수 있느냐, 없느냐는 배포 부수만으로는 알 수 없습니다. 반응의 수는 배포의 수가 아닙니다. 1개의 자료청구비용으로 예측이 가능한 영역입니다.

"왜 저를 뽑아주시지 않았나요?"라고

절대 화내지 말아주세요.

이번에 '○○○식초 선물'에 응모해주셔서 정말 감사합니다. 여러분은 유감스럽게도 이번 추첨에 떨어졌습니다. 우선 사과드립니다.

이번에 너무 많은 분이 응모해주셔서 저희도 매우 놀랐습니다. 437명의 여러분께서 응모해주셔서 그중 24명이 당첨되신 것을 보고, 여러분들의 다이어트와 건강에 대한 불안이 크다는 것을 잘 알 수 있었습니다. 또한, 여러분들과 이렇게 인연을 맺게 된 점, 기쁘게 생각하고 있습니다.

응모해주신 당신은 이미 모로미 식초에 대해 잘 알고 있을 것입니다. 아직한 번도 마셔보지 않았다고 한다면….

식초라고 해도 쌀식초처럼 시지 않아요!
맛있어요!

새파란 바다와 백사장, 남국의 삼림으로 둘러싸인 대자연 속에 곳간이 있습니다. 서늘하고 시원한 곳간 안에서 천천히 모로미는 구연산을 저장합니다. 그 안에는 아미노산이 한가득 함유되어 풍미가 풍부한 식초로 자라납니다. 흑설탕을 첨가해, 조금 달짝지근한 맛과 향이 어우러지는 모로미 식초. 400년 전부터 그 지역의 가족들, 그리고 인근의 주민들은 그 맛을 사랑해왔습니다. 안전! 안전만큼은 확실히 알 수 있습니다! (체감할 수 있어요) 그리고 맛있습니다! 게다가 부담 없는 가격!

저희는 보존료나 물 첨가 없이 갓 만들어진 그대로 밀봉한 병으로 제조해 보내드리고 있습니다.

이게 바로 천연 건강식품이 아닐까요?

이 건강식품을 무리하게 구매해달라고 조를 생각은 없습니다. 다만 이런 건강식품을 한 번도 경험해보지 못한다는 것은 매우 안타까운 일이라고 여깁니다.

구연산은 과학적으로도 증명됐습니다. 독일인 한스 크렙스(Hans Adolf Krebs) 교수가 '구연산 사이클 학설'로, 1953년 노벨생리학과 의학상을 수상했습니다.

모로미 식초는 지금 상당히 유행하고 있지만, 생산량이 한정되어 있습니다. 왜냐하면 천연 모로미 식초는 오키나와 술, 아와모리를 만들 때만 생산할 수 있기 때문입니다.

한 번 구매하고 두 번째 구매할 때는 두 달 이상 기다려야 한다는 고객도 있었습니다. 좋은 것을 찾아서 모처럼 계속 구매해 마시려고 해도 구매할 수 없어 실망하는 일이 종종 발생하곤 합니다.

"이렇게 좋은 걸 왜 맞춰주지 못하는 거죠?"

라고 또 화를 내지는 말아주세요. 이렇게 상당히 많이 응모한 가운데서 선정해야 하는 것은 꽤 괴로운 일입니다. 될 수 있으면 응모한 모든 분에게 선사하고 싶은 마음이 굴뚝같지만, 그렇게 할 수도 없는 노릇이고요. 하지만 어떻게든 답례를 드리고 싶은 마음에 이렇게 특별가격을 안내하게 됐습니다. 평상시에는 절대로 없는, 이번에 응모를 한 여러분을 위해서만 하는 특별한 조건으로 말이죠.

우대 가격으로 보내드리겠습니다.
모로미 식초
2개로 정가 ○○○○엔(배송비 별도 ○○○ 엔)에서
○○○○엔 할인의 ○○○○엔!
게다가 배송비는 서비스!

1개 주문하신 경우, ○○○○엔이지만, 배송비(○○○엔)는 서비스입니다!

(이하 생략)

산케이리빙 등, 도시정보지의 1개 자료청구비용은 적어도 1,000엔 정도입니다. 통상 2,000~3,000엔 정도 비용이 들죠. 이시하라 사장의 1개 자료청구비용은 85,000엔÷112명이므로 758엔이라고 할 수 있습니다. 즉, 1,000엔을 넘지 않아서 대단히 성공적인 셈이죠.

산케이리빙으로 1개의 자료청구비용이 700엔대로 결정된다는 것은 그 광고 조건, 광고 표현에 있어서 문제가 없다는 뜻이 됩니다. 하지만 그런데도 "상당히 (반응이) 적다는 것에는 놀랐다"라는 말을 듣고 있습니다.

이런 경우 저는 분노를 억누르며 다음과 같이 질문합니다. 그러면 다음과 같은 답이 들려옵니다.

나　　　　：대체 어느 정도 샘플이 필요하신 겁니까?

클라이언트：어느 정도라고 물으신다면 많으면 많을수록 좋습니다.

나　　　　：숫자를 말씀해보시지요.

클라이언트：음, 두 배 이상은 필요하겠네요.

자, 보십시오. 아주 핵심을 찌르는 말 아닌가요? 어떻게 그것을 알 수 있느냐고요? 지금까지 수천 개 회사의 상담을 진행해봤는데, 잘 안 풀리는 사람들은 반드시 같은 지점에서 틀리기 때문입니다. 업계가 바뀌어도, 사장이 바뀌어도, 상품이 교체되어도 답은 늘 같았습니다.

실제로 배 이상의 자료청구수가 생기면, 379엔이 1개의 자료청구비용이 되어버립니다. 그렇다는 것은 시뮬레이션을 돌려봐도 알 수 있겠지만, 1년 후의 여러분은 확실하게 억만장자가 됩니다. 이렇게 된다면 그 누구라도 머리를 쓰지 않고도 억만장자가 되어버립니다. 하지만 세상은 그리 호락호락하지 않습니다. 머리를 쓰는 자만이 전진할 수 있도록 설계되어 있기 때문이죠. 앞의 사례처럼 지식만 머리에 든 사람은 결코 성공할 수 없습니다.

실천회의 기초 ②

시뮬레이션을 돌리기 전에 광고를 먼저 내보내지 마라

이시하라 사장은 잘못 분석하고 있었습니다. '시기가 나빠서 그런 거야', '지역이 안 좋았기 때문이지' 하면서 여러 이유를 댔지만, 제일 안 좋은 것은 '현실을 제대로 파악하지 못해서'입니다. 광고를 하기 전에 '시뮬레이션'을 돌려보지 않았다는 게 가장 큰 문제였습니다.

저라면 85,000엔의 광고라면 목표치를 60개 정도로 놓습니다. 즉, 1개의 자료청구비용 단가를 1,200엔으로 잡는 것입니다. 성공률로 봤을 때는 만약 마셨을 때 즉각적인 효과가 나는 상품이라면 3할을 적용합니다. 보통의 상품이라면 12~20%를 잡습니다. 만약 단가가 높은 상품이거나 신뢰성에 의문이 있는 상품이라면 5% 정도로 책정합니다.

이 상품의 경우, 가격은 적정하지만 고객 인지도가 별로 없고, 즉효성이 있는지도 확인된 바가 없어서 성공률의 목표치로 12~20%를 책정했습니다. 그러자 결과적으로 7~12명 정도의 고객 계약이 성사됐고, 수임단가가 3,000엔이라고 봤을 때 매상은 2만 엔에서 3만 엔 정도였습니다. 여기에 광고비가 85,000엔입니다.

이것이 비즈니스의 현실입니다. 이 현실을 직시하면 다음과 같이 말해오는 사람이 있습니다. "이렇게 되면 다이렉트 마케팅은 무리이군요." 여기서 "다이렉트 마케팅은 무리이군요"라는 말에 전제가 깔린 뜻은 그 밖의 선택지가 존재한다는 뜻입니다.

그런데 다이렉트 마케팅이 무리라면, 다른 그 어떤 수법을 쓰더라도 성공할 가능성은 희박합니다. 매장에서 직접 판매한다고 해도 그게 그리 간단하지 않은 문제입니다. 모로미 식초만 판매하는 비즈니스 모델이라면, 매장을 차리는 것만이 능사가 아닙니다. 요약하자면 현 상황의 숫자를 전제로 하면, 천재라도 모로미 식초만으로는 비즈니스에서 성공하기는 어렵습니다.

비즈니스는 어떻게 꾸려야 할까요? 한마디로 말하자면, '대체 처음에 무엇을 팔고, 다음에 무엇을 팔 것인가?' 이것이 선행되어야 합니다. 이는 초등학생도 다 알고 있는 상식입니다.

샘플은 사용하게 해야 첫 구매로 이어진다

파는 사람의 입장에서 가장 큰 오해 중 하나는 이것입니다. '샘플을 손님에게 건넸다. 그러니 반드시 사용해볼 거야'라고 하는 전제 말입니다. 이 전제는 틀렸습니다. 샘플을 손에 넣은 고객은 샘플을 갖게 된 것만으로 안심해서 그 이상의 행동을 하지 않습니다. 그렇다는 것은 판매하는 사람이 고객에게 샘플을 건넸다면, 이번에는 그 샘플을 사용하게 하는 데 주력해야 한다는 뜻이기도 합니다.

그렇다면 샘플을 어떻게 사용하게 해야 할까요? 제일 효과적인 방법은 실황중계입니다. 실황중계란 사용한 사람이 체험한 내용을 시기별로 그대로 묘사하는 것입니다. 예를 들면 이렇게 말이죠.

"먼저 향을 맡아보시기 바랍니다. 식초 같은 향을 상상했던 분들은

좀 더 가볍다는 것을 느낄 수 있습니다. 다음으로 큰마음 먹고 입안으로 털어 넣어보시길 바랍니다. '이런 맛있는 식초라면 몇 잔이고 마실 수 있어'라고 여러분은 생각하게 될 것입니다. 그리고 먼저 3일을 체험해보시기 바랍니다. 그러면 3일 후에는 ××××라는 변화를 몸소 느끼실 수 있을 것입니다. 이후 3주가 지나면 아침에 일어났을 때 피부가 한층 더 좋아진다는 것을 느낄 수 있습니다."

이런 식으로 상품을 사용한 직후, 3일 후, 3주 후에 어떤 효과가 있는지 실황중계를 합니다. 100가지 말보다 1장의 사진이라는 말이 있습니다. 그런데 1장의 사진보다 마음을 움직이는 1개의 메시지가 더 효과적입니다. 그 메시지가 바로 고객이 구매행동을 할 수 있게 합니다.

고객이 이미지를 떠올리게 하려면, 고객의 입장에서 고객이 어떤 행동을 취할 것인지 생각하는 게 중요합니다.

실천회의 기초 ④
무의식 레벨에서는 긍정에서 끝나는 문장과 부정형으로 끝나는 문장을 구별하기 어렵다

"결코 화를 내지는 않으셨으면 좋겠습니다"라고 하는 부정형의 말을 들으면 어떤 느낌이 드시나요? 인간은 무의식 레벨에서는 부정형과 긍정형을 구별하지 못합니다. 즉, "화를 내 주세요"라는 말과 똑같이 느낀다는 것이죠.

또 경품으로 선물을 증정할 때도 원칙이 있습니다. 절대로, 결코, "꽝입니다"라는 말을 하면 안 됩니다. 왜냐하면 경품에 응모하는 사람의 심리는 '게임 감각'에 따르기 때문입니다. 당첨되면 게임에서의 승리, 꽝이면 지는 것이 됩니다. 즉, "꽝입니다"라고 말을 하면, "당신은 게임에서 졌어요"라는 것과 같은 뜻입니다. 이렇게 되면 고객은 화가 나서 "이렇게 나를 놀린 회사의 물건은 다시는 구매하지 않을 거야!"라고 반감을 품게 되겠죠.

따라서 앞서 사례의 문장으로 제시한 "왜 저를 뽑아주시지 않았나요?"라는 표현과 절대로 화를 내지 말아 달라는 표현과 같은 문장은 쓰면 안 되는 문장입니다. 제목은 고객의 입장에서 에티켓(고객이 득을 얻는)에 맞게 써야 한다는 원칙을 무시한 문장들인 셈이죠.

그럼 "꽝입니다"라고 말할 수 없다면 어떻게 표현하면 될까요? 간단하게 감사의 말을 첨가하면 됩니다. 예를 들어 다음의 문장을 살펴볼까요?

"이번에는 정말 감사드립니다. 응모해주신 여러분들에 한해 특별가격으로 안내를 해드리겠습니다."

이 표현에서는 "내가 당첨됐나?"라는 문의가 쏟아질 것이 두렵다면, 그것을 피하기 위해 "응모자 전원에게 샘플과 가이드북을 보내드립니다"라는 표현을 어딘가에 삽입해 넣으면 좋습니다. 그렇게 하면 샘플을 보내드리겠다는 표현을 보고, 당첨에서 떨어졌다는 것을 고객은 자연스럽게 알게 됩니다.

만약 당첨의 숫자를 불리고 싶다면, 다음과 같은 표현법을 활용하면 고객의 반응률을 높일 수 있습니다.

"이번에 응모해주셔서 고맙습니다. 우리 회사가 예측한 것보다 훨씬 웃도는 3,231통의 응모가 있었습니다. 모로미 식초가 미용에 좋다는 것이 이 정도로 알려져 있었다는 것이 너무나 기쁩니다. 고객님들의 성원에 이어서 당첨자를 30명에서 100명까지 늘리기로 했는데, 이번에 여러분께서 당첨이 되셨다는 소식을 전해드립니다."

이 표현은 '당신을 당첨시켰습니다'가 글의 열쇠가 됩니다. 특별대우를 받았다는 기분이 든 고객은 당연히 기쁜 마음이 들 수밖에 없습니다.

실천회의 기초 ⑤

억제할 수 없는 욕구(wants) 또는 임박한 필요성(needs)이 없다면 상품은 팔리지 않는다

'보존료나 물 첨가 없이'라고 강조하고 있지만, '보존료 없음'에 대한 고객의 요구나 필요성이 과연 있는지 확인해볼 필요가 있습니다. 고객이 모로미 식초가 필요하다는 전제를 두고, '어떤 모로미 식초를 살까?'라고 고민하는 고객들이 있다면 '보존료 없음'이 이 제품의 장점이 충분히 될 수 있습니다. 하지만 모로미 식초가 일반적으로 고객들에게 잘 알려진 상품이 아니기 때문에 우선 '모로미 식초라는 콘셉트'를 고객에게 알려야 합니다. 그러기 위해서는 모로미 식초의 효능과 함께 대체 어떤 효능이 있는지를 전면에 내세울지 생각해야만 합니다. 이를 기반으로 제목을 뽑아냅니다. 예를 들면 다음과 같이 말이죠.

"저에게 3주의 시간을 주세요. 여러분의 피부 나이가 10년 젊어집니다."

원래는 이렇게 표현하고 싶었지만, 이것은 효과를 명확하게 증명하기 어렵기 때문에 약사법에 걸릴 가능성이 있습니다. 그래서 고친 문장은 다음과 같습니다.

"저에게 3주의 시간을 주세요. 여러분이 다이어트를 하는 마음 자세가 달라집니다."

이런 표현 방법도 있다는 거죠. 이렇게 미용, 다이어트의 효과를 전면에 내세웁니다. 그리고 그 후에 다른 장점을 나열합니다. 즉, 고객이 구매하도록 유도하려면 먼저 미용, 다이어트에 대한 흥미를 끌어내고 상품에 대한 구매욕을 올린 후에, 그 다음으로 제품이 가진 장점을 설명해 설득합니다. 다음과 같은 방식으로 말이죠.

"물론 모로미 식초는 미용, 다이어트에만 효과적인 것은 아닙니다. 피부의 탄력성이 마치 25세처럼 변화되는데, 이는 피부에만 적용되는 것은 아닙니다. 피로해지기 쉬운 체력이거나 감기를 자주 앓는다면 여러분이 가진 본래의 빛을 잃어버리는 것과 같습니다. 모로미 식초는 여러분의 웃는 얼굴을 되찾게 해줍니다. 그러한 이유로 모로미 식초는 ○만인 이상의 고객들에게 사랑받는 제품입니다."

실천회의 기초 ⑥
압도적인 증거가 없다면 고객은 당신이 말하는 것을 신뢰하지 않는다

이번 자료에는 '고객의 소리'를 일절 포함하고 있지 않습니다. 이런 자료를 보게 되면 저는 반드시 질문을 던집니다.

나   : 고객의 소리가 없군요?

클라이언트 : 아, 다른 지면에 고객의 소리를 넣긴 했습니다만.

나　　　: 그런가요? 설마 고객의 이름을 이니셜로 표기한 것은 아니겠지요?

클라이언트 : 엇, 죄송합니다. 이니셜로 표기했군요.

단도직입적으로 말해서 '이니셜로 표기한 고객의 소리'는 아무도 신뢰하지 않습니다. 필요한 것은 압도적인 증거이니까요. 압도적이라는 것은 고객의 소리이며, 그 자체가 진실이 됩니다. 따라서 손 글씨로 표현하는 것이 좋고, 또 실명으로 표기하는 것이 훨씬 효과적입니다.

이상으로 실천회에서 늘 이야기하는 기본 중의 기본을 말씀드렸습니다. 그런데 이게 잘 지켜지지 않고 있네요. 다시 한번 강조하지만, 기본을 절대로 무시해서는 안 됩니다. 원래 인간은 배운 것을 돌아서면 까먹는 동물입니다. 운동을 지속해서 안 하면 근육이 빠지는 것처럼, 마케팅 원칙도 수시로 공부하지 않으면 녹이 슬게 됩니다. 공부를 그만둔 순간, 반짝거리던 원칙이 퇴색합니다. 실천회에 오래 다닌 사람 중에서도 지금까지의 이야기를 듣고, '이것은 기초!'라는 말을 듣고 초조해하는 사람도 있지 않을까 싶습니다.

05 상품을 표현할 때의 마음 자세

'말한 자가 승리', 그 이유는?

'겸허한 것'을 예의라고 생각하는 일본인에게 있어서 자신의 장점을 강하게 내세우는 것은 꽤 어려운 일일지도 모릅니다. 하지만 고객에게 회사의 상품이나 서비스를 안내할 때 "대단한 물건은 아닙니다만"이라고 표현해서는 소득이 없습니다. 자부심을 가진 상품 소개에서 '자기 자신'부터 변화를 꾀하는 것이 중요합니다.

● 오른팔에 스위치를 누르기!

상품이라고 하는 것은 표현만으로도 이 정도의 매력이 있다는 것을 고객에게 실감하게 해야 합니다. 여기 이탈리아 음식점을 경영하는 한 회원의 작품을 사례로 살펴봅시다. 손 글씨로 쓴 메뉴판인데 이렇게 쓰여 있군요. '위험합니다. 입이 떡 벌어집니다. 소고기 레드와인 조림 ¥1,750'라는 표현을 보면, 고객의 입장에서는 먹지 않을 수가 없습니다. 또 전단지 에서는 인품이 전해지기도 합니다(62페이지 참고).

Carni 고기요리

· 행복해집니다. 단츠슈　　¥1,750

· 위험합니다. 입이 떡 벌어집니다.
　　　　소고기 레드와인 조림　　¥1,750

· 착한 사람은 드셔서는 안 됩니다.
　　　　　맛있는 사슴육　　¥1,180

· 말고기가 아닙니다. 쇠고기입니다.
　　　　　　테르슈　　¥1,180

· 다이어트 효과가 있습니다.
　　　　　양고기 구이　　¥1,700

· 쇠고기 필레 힘줄이 아닙니다.
　　　　　벗짚 구이　　¥1,800

(원문 그대로)

피자 스토리

지역 No.1의 화덕피자가 된 썰

죄송합니다!! 최초로 고백합니다. 미안합니다. 실은 당 점포에서는 오픈 초기부터 피자 생지를 따로 사용하고 있었습니다. 오픈하는 데 정신이 없어서 피자 생지까지 만들 여유가 없었기 때문입니다. 그러면서 많은 고객의 피드백을 받았습니다. 피자가 맛이 없다고요.

이탈리아 요리점인데 피자가 맛이 없다니 고민했습니다. 그래서 피자의 생지는 이 근처에서 사용하지 않는 특별한 생지를 쓰기로 결심했습니다!

이 근처의 피자는 빵과 같은 푹신한 생지를 많이 쓰고 있다는 것을 알아냈습니다. 그래서 저는 정반대로 바삭한 식감의 생지를 쓰기로 마음먹었습니다. 그런데 문제는 바삭한 식감의 생지를 만드는 레시피를 몰랐던 것입니다. 그래서 이런저런 조합을 생각해 여러 번 시행착오 끝에 발견한 것이 (큰 소리로 말할 수는 없어서 작은 소리로 말씀드리면)

"프랑스 빵을 만들 때 쓴 밀가루로 만들었더니 바삭한 피자가 탄생했습니다."

예? 너무 목소리가 작아서 안 들린다고요? 그럼 좀 더 큰 목소리로 말씀드리겠습니다.

"프랑스 빵을 만들 때 쓴 밀가루로 만들었더니 바삭한 피자가 탄생했습니다."

좌충우돌로 탄생한 화덕피자. 지금은 이 근처에서 두 번째로 맛있다고 소문이 나 있네요(사실 첫 번째로 맛있다고 하는데 제 입으로는 말씀드리기 뭐해서요). 손님도 점점 늘고 있습니다. 이런 탄생 비화가 있는 피자입니다. 괜찮으시다면 부디 주문을 부탁드립니다.

ps. 테이크 아웃도 가능하니 선물로 아주 좋습니다.

(원문 그대로)

여러분은 이 글을 읽고 어떤 인품을 상상할 수 있을까요? 실제로 써보시기 바랍니다.

(그는…   )

저의 대답은 이렇습니다.

(그는 프로의식을 가지고 있군요. 비싼 것만 내세우지 않고 고객이 납득할 서비스를 제공하고 있습니다. 그리고 고객을, 고객에게 전달하는 과정을 즐기는 사람처럼 보이는군요.)

전단지는 쓰는 이의 인간성을 숨길 수가 없습니다. 저는 기억하고 있습니다만, 그가 초창기에 뿌린 전단지의 내용은 그다지 나쁘지는 않았지만, 이 정도로 인품의 전달력이 좋지는 않았습니다. 그런데 무슨 일이 일어났던 것일까요? 오른팔의 스위치가 켜진 느낌입니다. 거짓 없이, 진솔하게 자기 자신이 표현되고 있네요. 자신을 표현하면 이번에는 표현한 자신이 진짜 자신이 됩니다.

'지역 No.1의 화덕 피자'라고 단언해버리면, 그 피자에 걸맞은 피자를 매일 만들어내지 않으면 안 됩니다. "위험합니다. 입이 떡 벌어집니다"라고 말해버리면, 그 표현에 부끄럽지 않은 맛을 계속 제공해야겠지요. 문장으로 실제로 써놓으면 그 내용이 진짜가 됩니다. 이는 뇌의 신경회로 구조에서 어쩔 수 없이 발생하는 자연스러운 이치입니다. 이를 우리는 '피드백 효과'라고 합니다.

자신이 내보낸 정보가 상대로부터 어떤 평가, 판단을 받게 되면 뇌의 신경회로가 두꺼워집니다. 그렇게 되면 지금까지는 '좀 무리가 아닐까?' 하고 생각했던 것들에 자신감이 붙게 됩니다. 자신감이 붙게 되면, 이를 지켜보는 고객도 '역시 대단하군!'이라고 느낍니다. 이렇듯 정보의 피드백은 현실을 만들어나가는 힘이 있습니다. 따라서 한번 내뱉은 표현은 차례차례로 현실화되기 시작합니다. 즉, 말한 것이 승리하게 되는 상황이 벌어집니다. 사례로 든 회원의 전단지에서는 자기 요리에 대한 자부심이 충분히 엿보입니다.

호텔로 유명한 포시즌즈 호텔에서는 "프라이드(자부심)를 느끼지 못하는 것은 고객에게 선보이지 말라"라는 규칙이 있습니다. 그 프라이드가 바로 그 호텔의 문화를 만들어나가는 것입니다.

자신의 상품에 프라이드를 가집시다. 마음껏 그 프라이드를 표현해봅시다. 그러면 얼마 지나지 않아 현실이 되는 것을 경험할 수 있습니다.

06 당신의 라이벌은 경쟁 매장이 아니다

먼저 자기 머리를 쓰는 것부터 시작하자

학생복을 판매하고 있는 저의 본가에서 이런 말을 들었습니다. "점점 라이벌 회사와의 경쟁으로 영업하기 힘들다"라고요. 저의 본가에서 만든 DM과 세일즈 레터에서 발견된, 많은 회사가 잘못하고 있는 '전형적인 오류'를 지적하면서 DM이라는 전술이 갖춰야 할 자세를 설명했습니다.

● **팔리지 않는 캠페인을 팔리게 하려면?**

제가 이전에 있었던 사무소는 우라와에 있던 한 낡은 빌딩 4층에 있었습니다. 저의 본가에서 경영하고 있던 학생복 판매점 회사에 세를 놓아 입주한 상태였습니다. 벽을 하나 사이에 두고 겨울 동안 학생복을 판매하고 있었습니다.

타 업종과 마찬가지로 학생복도 매년 영업이 힘들어집니다. 해를 거듭할수록 학생 수는 줄어들고 단가는 내려갑니다. 올해는 이익을 주던 체육복마저 라이벌 매장이 가격경쟁을 내세우는 바람에 어려워졌습니다. 게다가 방문판매를 하는 업자까지 생길 정도였죠.

그래서 "올해는 예년보다 더 힘들어질 텐데 어떻게 하면 좋을까요?"라고 직원으로부터 고심 섞인 상담을 받게 됐습니다. 본가가 직면한 일이었으니 솔직하게 상담에 임하기로 했습니다. 공부도 할 겸, 좀 매운 소리를 하기로 했죠.

결국, 팔리는 회사와 팔리지 않는 회사의 차이점은 단 1장의 전단지와 1통의 DM입니다. 성공한 전단지와 DM은 시간이 지나도 일정한 반응률로 수익을 안겨다 줍니다. 하지만 본가의 학생복 판매점은 '팔리는 DM'을 만들지 않았기 때문에 여러 고충을 매년 겪고 있었습니다. 성심을 다해 전력투구해서 열심히 일하는 것처럼 보였지만, 실은 머리를 쓰지 않았던 것이죠. 어찌 보면 편한 선택만 하고 있었던 것인지도 모릅니다.

매년 똑같은 일을 반복하다 보면 어느새 5년, 10년은 훌쩍 지나갑니다. 옛날에는 시간만 쌓이면 그 자체로 연륜이 쌓여 영업 실적이 좋아진다고 했지만, 지금은 수년이 지나면 '순조롭게' 오른쪽으로 하강곡선을 그리게 됩니다. '변하지 않으면 안 된다', '새로운 발상을 해야 한다'라고 매년 지속해서 강조하는 이유이기도 합니다.

본가에서 하는 일을 지켜봤더니 많은 회사가 범하고 있는 전형적인 오류가 발견됐습니다. 그 오류가 무엇인지 몇 개를 소개합니다.

본가의 직원 2명과 함께 미팅을 진행했습니다. 그해의 특전이 몇 개 있었는데, 그중 첫 번째는 '할인'이었습니다. 그런데 그전의 특전은 '와이셔츠(또는 블라우스)가 1점 무료'였습니다. 그래서 저는 물었습니다.

"와이셔츠 무료를 진행할 때 고객의 반응은 어땠습니까?"

그러자 직원은 답했습니다.
"그때의 반응은 괜찮았습니다"

바로 이 지점입니다. 반응이 좋았던 오퍼를 바꾸는 것. 이것이 '첫 번째 오류'입니다. 왜 굳이 반응이 좋았던 오퍼를 바꿨던 것일까요? 거기에는 물론 여러 이유가 있습니다. 우선 "담당자가 질려 한다는 것"입니다. 이 오퍼는 벌써 몇 번 지속하고 있는 것이어서 고객도 질렸을 거라고 착각한다는 점입니다. 그런데 고객은 매년 달라진다는 점을 간과하고 있습니다. 그런데도 담당 직원은 똑같으니 고객보다 담당 직원이 먼저 질려버립니다. 그 결과, 매해 동전 뒤집듯이 방침이 변합니다. 이렇게 되면 DM을 매번 새로 만들어야 하고, 그것은 그 자체로 일이 되고 맙니다.

광고는 반응이 지속해서 좋게 유지된다면, 굳이 바꿀 필요가 없습니다. 어떤 여행사의 광고는 3년 동안 거의 바뀌지 않았습니다. 그런데도 매번 비슷한 수치의 고객 문의전화가 걸려 옵니다. 제가 만들었던 주택 광고의 경우도 마찬가지입니다. 몇 년 지나서 오랜만에 선보여도 역시나 비슷한 고객 반응을 얻을 수 있습니다.

물론 반응이 떨어지면 새로 변화를 꾀할 필요가 있습니다. 하지만 그렇게 만든 새로운 광고도 예전 광고보다 효과가 떨어진다면, 다시 예전 광고로 돌아가야 합니다. 그러면 다시 반응이 올라갑니다. 즉, 반응이 좋은 광고의 패턴을 3가지 정도 준비해서 로테이션하면 좋습니다. 처음부터 만드는 것이 아니라, 잘 만든 광고를 재활용하는 것이 중요합니다.

자, 이전에 본가에서 만든 DM을 보면 전형적인 '팔기'만 강조하고 있습니다. 색깔만 강조됐을 뿐인 전단지에 불과합니다. 전단지를 만들면 팔릴 수 있다고 생각하는 것부터가 잘못된 판단입니다. 이것이 '두 번째 오류'입니다.

다이렉트 마케팅의 프로는 DM을 '다이렉트 메일 패키지'라고 부릅니다. 패키지에는 전단지만 들어가 있는 것이 아니라, 여러 점의 삽입물이 있습니다. 보통 일반적으로 ① 세일즈 레터, ② 리스폰스 디바이스(Response device) - 신청서, 초대장, 쿠폰 등, ③ 고객의 소리, ④ 전단지 또는 팸플릿 등이 들어갑니다.

특히 고객의 반응을 끌어올릴 수 있는 최고의 영향력을 지닌 것은 바로 ①번 세일즈 레터입니다. 반응률을 검토해보면 ④의 전단지 또는 팸플릿은 그다지 DM에 있어서 큰 반응을 전달하지 않습니다. 그러므로 프로는 레터 작성에 많은 시간과 정성을 쏟습니다.

"어떤 DM을 써야 할지 모르겠다"라고 말하는 2명의 직원에게 저는 세일즈 레터의 전개 방식에 관해 설명을 시작했습니다. 그 골자를 화이트보드에 써내려가며 상세히 알려줬습니다. 그러면서 유효기간이 쓰인 쿠폰 만들기를 시작했습니다.

그런데 이 지점에서 영업 담당이 "안 된다"라고 저지하더군요. "인쇄할 시간이 없다", "쿠폰을 만들 시간이 부족하다"라는 것이 그 이유였습니다. 저는 할 수 없이 타협했습니다. 이번에는 쿠폰을 만들지 말고, 필요한 2, 3장의 세일즈 레터를 만들기로 말이죠. 게다가 세일즈 레터의 골자는 이미 만들어진 상태였습니다. 그 뒤에는 문장을 잘 다듬는 일만 남았습니다.

그런데 또 직원들은 "할 수 없다"라고 하더군요. 어떻게 어떻게 직원 하나를 설득해 "하겠다"라는 대답을 얻어 일을 진행하기로 했습니다.

이처럼 사내에서 "할 수 없다"라는 목소리가 들리면, 일반적으로 잘 개선되고 있다고 생각하면 됩니다. 인간은 누구라도 변화가 두려운 법입니다. 머리를 쓰는 것은 더더욱 싫겠죠. "새로운 것을 시도하지 않으면 안 된다"라고 말하는 사람이 도리어 변화에 응하지 않습니다. 닛산도 이치로(イチロー) 선수를 광고에 내보내며 "변해야 한다"라고 말했지만, 좀처럼 바뀌지 않았습니다. 하지만 닛산의 경영자인 카를로스 곤(Carlos Ghosn)이 '조용히 진행하고 있구나'라고 생각하면, 회사는 이익을 내기 시작합니다.

"새로운 것을 시도하지 않으면 안 된다"라고 말하는 동안에는 낡은 시스템에 이미 오래 물들어 있는 상태입니다. 새로운 것을 계획하는 사람은 "변하지 않으면 안 된다"라고 말하기 전에 이미 행동부터 시작합니다.

● 잘 만든 편지가 영업을 쉽게 만든다!

직원들과의 미팅 후 수일이 지나 세일즈 레터가 도착했습니다. 저는 이 편지를 본 순간 놀라움을 금치 못했습니다. 정말 단순하게 회사를 소개한 내용으로, 조금도 읽고 싶지 않을 정도로 별로였기 때문입니다(72페이지 참고). '아하하, 그렇게까지 설명했는데도 이렇게 나오다니…' 실망감을 금치 못할 정도였습니다.

세일즈 레터는 고객이 듣고 싶어 하는 소리를 써야 합니다. 자기가 말하고 싶은 것만 적고, 고객이 듣고 싶은 내용을 적지 않는다? 이것이 바로 '세 번째 오류'입니다. 고객이 듣고 싶어 하는 소리는 고객의 마음속에 존재하는 대화입니다. 즉, 고객이 마음속에서 생각하고 있는 것을 종이에 옮겨 전달해야 고객은 '이 회사가 우리의 마음을 알아주는구나'라고 생각하고 반응을 보입니다.

인사장

입학을 축하합니다.

21세기 최초로 찬란하고 기념할 만한 해에 중학교에 입학하시는 자녀분들에게 간다 상회 임직원 모두가 마음으로 깊이 축하의 말씀을 드립니다.

빠르지만 입학까지 앞으로 3개월의 시간이 남아 있습니다. 입학을 위한 준비와 계획은 잘 진행되고 있으신가요?

창립 80년의 간다 상회는 현지의 고객 여러분들의 교류와 지원을 받아 학생복, 체육복 판매의 실적을 올리고 있으며 꾸준한 연구 결과, 매년 5명 중 3명이 우리 교복을 이용할 정도로 많은 사랑을 받고 있습니다. 국내에서 제조되어 수작업으로 한 벌씩 정성스럽게 만들어진 교복은 튼튼해서 안심하고 착용하실 수 있습니다.

또한, 간다 상회에서는 꾸준히 학교와 연락을 취해 학교의 방침에 맞는 상품을 자녀분들에게 판매하고 있습니다. 입학하실 때까지 준비할 용품 리스트를 동봉하오니 부디 참고하시기 바랍니다.

1월 31일까지의 더블 찬스
매년 3, 4월은 고등학생 입학 준비와 겹쳐 매우 혼잡합니다.
그래서, 재빨리 여유로운 준비를!

3월 11일까지의 서비스(팸플릿을 참조해주세요)에 더해 더욱 특별한 서비스를 해드리겠습니다. 1월 31일까지 예약하시면 와이셔츠(남·여) 또는 블라우스(여) 중 하나를 서비스로 드립니다. 쿠폰을 동봉했으니 친구도 초대해주세요. 필수품인 만큼 유익한 선물입니다.

예약 방법은?
① 전화 프리다이얼   0120-○○○-○○○
② FAX   ○○○-○○○-○○○
③ 인터넷   http://www.○○○○○○

중학교 학생복은 실적과 신뢰가 있는
간다 상회에 맡겨주세요.

(원문 그대로)

이 세일즈 레터는 아마도 작년에 보낸 DM과 그 내용이 별반 다르지 않을 것으로 생각합니다. 이 지점에서 최대의 라이벌은 경쟁 매장이 아닌 것으로 판명이 납니다. 최대의 라이벌은 여러분의 어깨 위, 귀와 귀 사이의 문제에 있었던 것이죠. 그렇습니다. '머리를 쓰지 않는다'라는 것은 나태함입니다. 그것이 바로 궁극의 라이벌이었던 셈입니다.

동종업계 매장에서 가격을 내린다? 그러면 우리는 그 매장을 라이벌로 생각합니다. 하지만 이상하지 않나요? 가격을 내리는 것은 라이벌이 아닙니다. 바로 자기 자신입니다. 가격을 내리는 것은 순전히 자기 결정입니다. 가격을 내려 싼 가격을 원하는 고객을 모은 것은 자기 자신이면서 괜히 라이벌 매장의 탓이라고 책임을 전가합니다. 괜히 타인을 원망하고 책망하면서요.

상황이 이렇게 된 것은 본인 스스로 머리를 쓰지 않았기 때문입니다. 최근 만난 어느 회원은 라이벌사가 9,800엔으로 팔고 있는 상품을 2만 9,800엔에 팔았습니다. 그런데도 라이벌 회사와는 비교도 안 될 정도로 고객이 몰려들었다고 하더군요.

자, 여러분이라면 어떤 세일즈 레터를 쓰실 것인가요? 제가 손본 게 76~77페이지에 있는 세일즈 레터입니다(실제로는 3장에 달하는 내용입니다). 신간을 집필하느라 정신이 이상해질 때쯤에 만들었습니다. 정식으로 의뢰받은 것은 아니어서 꽤 많은 내용이긴 합니다만 그런데도 반응은 좋은 편입니다. 작년 1월은 내방객이 거의 제로였지만, 올해는 이 편지를 4,000통 넘게 보냄으로써 3일에 69명 정도가 내방하고 있습니다. 애초 목표는 1,500벌을 판매하는 것이었는데, 현재(이번 뉴스레터 발행일 기준) 목표치를 2,000벌로 상향 수정하고 있습니다.

숫자를 올리는 것만이 능사는 아닙니다. 감정 마케팅을 활용한 세일즈 레터는 영업을 쉽게 해줍니다. 이 편지를 보냈더니 바로 "간다 상회는 지금까지와는 좀 달라졌군요"라고 하면서 매장을 방문하는 고객들이 한마디씩 했다고 합니다. 지금까지는 고객이 매장을 방문하면 상품을 설명했습니다. 그러면서 우리가 얼마나 훌륭한 상품을 팔고 있는지 고객에게 설득하곤 했죠. 이제는 그런 설득이 필요 없어졌습니다. 고객은 전적으로 회사를 신뢰하고, 우리 매장을 방문하는 것이니까요. 점원은 고객이 질문하는 내용에 대해서만 답하면 됩니다.

게다가 각 가정을 향한 텔레마케팅도 쉬워집니다. 지금까지는 "간다 상회입니다. 학생복 준비는 하셨는지요?"라고 의향을 물어보면서 가능한 한 통화하는 시간을 길게 끌고 갔습니다. 그러면서 마무리로 "꼭 우리 매장에 방문해주십시오"라고 말하며 전화를 끊곤 했죠.

하지만 막상 판매 작업에 들어가면 거절당하기 일쑤입니다. 거절당하면 거절당할수록 자기가 하는 일에 대한 자부심이 떨어져 업무를 수행하고자 하는 의욕도 잃게 됩니다.

그런데 이번에는 되도록 빨리 전화를 끊는 것이 업무입니다. "학생복 전문점 간다 상회입니다만, 1개월 안에 저희 매장에 방문하시면 와이셔츠 또는 블라우스 1장을 무료로 받으실 수 있습니다. 기한이 3일밖에 남지 않아서 이렇게 전화를 드렸습니다. 매장에 방문하실 계획이 있으시면 저희가 준비하려고 하는데 어떠신가요?"라고 말씀드릴 뿐입니다. 직원은 이런 내용이라면 여러 건 전화를 걸어도 괜찮다고 하는군요.

● 봉투의 개봉률을 높이는 더 간단한 방법

이 DM을 만드는 데 시간은 별로 걸리지 않습니다. 새로 인쇄판을 만든 것은 이 세일즈 레터뿐입니다. 그 밖의 도구들은 모두 예전 것을 재활용한 것입니다. 그런데 끝까지 고민한 것은 봉투의 개봉률을 어떻게 하면 높일 수 있느냐의 문제였습니다. 이미 봉투는 인쇄에 들어갔기 때문에 그대로 사용할 수밖에 없었죠.

부탁이 있습니다

아버님, 어머님.
자녀분의 중학교 입학을 진심으로 축하드립니다. 마음 깊이 축복을 전달합니다.

실은 저에게도 아들이 있습니다. 장남이 입학했을 때의 일이 어제의 일처럼 생각납니다. '벌써 중학생이 됐구나'라고 기쁨을 느낌과 동시에 갓난아기 때부터 지금까지의 성장 과정이 파노라마처럼 눈앞에 떠올랐습니다.

아버님, 어머님, 그동안 고생 많으셨습니다. 아직도 자녀분을 성장시키려면 고생이 더 남았지만, 자녀분을 생각해 더욱 힘을 내주시길 바랍니다.

기쁜 입학이지만, 그 준비를 생각하면 솔직히 마음이 무겁지 않으신가요? 특히 요즘 어머님들은 너무 바빠서 필요한 용품을 모두 구입하는 것도 큰 부담으로 느껴지실 것입니다. 교복, 책가방, 체육복, 운동복, 실내화 등, 중학교에서 지시하는 것을 모두 갖춰야만 하죠. 이에 대해서는 설명회에서 '자세한 설명이 있겠지'라고 생각하고 계시겠지만, 실제로 설명은 10분 정도로 끝납니다. 그 후에는 <u>업자들의 DM을 모아서 끝나는 경우</u>가 대부분입니다.

바로 여기서 문제가 생깁니다.

학교 설명회가 끝나면 한꺼번에 교복을 구입하려는 손님들이 학생복 판매점에 몰리게 됩니다. 학생복은 한 사람당 치수를 재는 데 족히 30분은 걸립니다. 그리고 모든 구매가 끝날 때까지 적어도 45분 정도의 시간이 소요됩니다. 그래서 입학 직전이 되면, 어떤 학생복 판매점을 가도 교복을 구입하려는 긴 행렬이 생겨버립니다. 이러한 이유로 저쪽 판매점에 갔다가 이쪽 판매점에 왔다가 우왕좌왕하게 됩니다. 결국 학생복을 구입하기 위해 <u>몇 시간이라는 어머님들의 귀중한 시간을 낭비하게 되는</u> 셈입니다.

학생들의 입학이 코앞에 닥치면 저희도 바빠집니다. 성수기에는 알바생을 두고 대응하는 경우도 많습니다. 그만큼 인건비 지출도 많아집니다.

> 그래서 부탁을 드리려고 합니다.
> 1월 31일까지 저희 매장을 방문해주시는 것은 어떨까요? 그 답례로 2,100엔
> ~2,700엔으로 판매하고 있는 와이셔츠 또는 블라우스 1장을 무료로 증정해드
> 립니다. 무료 증정이라고 해서 품질이 결코 떨어지거나 하지는 않습니다. 저희는
> 교복에 자부심이 있는 사람들이기 때문에 제대로 된 상품을 준비하고 있습니다.

'하하하, 공짜라고 하지만, 이 와이셔츠와 블라우스도 교복 판매 가격에 다 포함되고 있는 것은 아니야?'라고 생각하실 수도 있겠죠.
하지만 절대 그렇지 않습니다. 여러분들이 빨리 예약해주시면 그만큼 저희의 경비가 줄어듭니다. 그만큼 줄어드는 경비를 여러분들에게 환원하고자 합니다.

금단의 세일즈 카피라이팅

예약을 먼저 진행하시면 얻게 되는 특전은 이것뿐만이 아닙니다.

책가방, 여름 바지, 여름 치마 중에서 한 개를 선택해 2,100엔에 구매하실 수가 있습니다.

물론 시판되는 정상 제품이기 때문에 품질에 이상은 전혀 없다는 것을 보장합니다. 2,100엔이라고 하는 특별가격으로 모시면 저희로서는 손해지만, 아까 앞서 말씀드린 것처럼 빠른 예약을 진행하면 저희도 경비를 절감하는 효과가 있어서 서로 좋은 혜택을 누릴 수 있다는 점을 미리 말씀드립니다.

저희는 학생복 전문점으로서 현재 시내 소재 중학교에 다니고 있는 중학생 5명 중에서 2명이 이용할 정도입니다. 우라와 시내에서는 아주 유서가 깊은 학생용품 점입니다. 각 중학교에도 신뢰를 얻어 긴밀하게 연락해, 학교의 지시사항 그대로 상품을 준비하고 있습니다.

이렇게 많은 중학교와 학부모님들의 지지를 받고 있지만, 솔직히 가격으로만 비교하면 가장 저렴한 상품을 선보이는 매장은 아닙니다. 학생복은 일반 옷과는 다릅니다. 중학생이 되면 활발하게 활동하기 시작합니다. "쌉니다. 대신 상품의 질은 좋지 않습니다"로는 금방 쓸 수 없는 제품이 되고 맙니다.

그래서 저희는 품질과 내구성에 의문이 있는, 가격이 저렴하기만 한 상품은 판매하지 않습니다. 저희 학생복은, 전국에서도 유수의 톱 원단 메이커(닛케)와 잠자리 교복의 일류 제조 메이커와 공동으로 제작하고 있습니다. 해외가 아닌 국내에서 정성스럽게 봉제된 교복입니다.

거듭 말씀드리지만 "쌉니다. 대신 상품의 질은 좋지 않습니다"의 상품은 준비하지 않습니다. 게다가 비슷한 품질의 상품과 비교를 해보시면 그 어디보다 저렴하게 저희 매장에서 쇼핑할 수 있다는 것을 약속드립니다. 왜냐하면 저희는 우라와 시내에서는 가장 실적과 경험이 있는 회사입니다. 수십 년에 걸쳐 학생복을 제공하고 있습니다. 공급처로부터의 신뢰가 두터워야 이러한 서비스를 제공할 수 있고 납득할 수 있는 가격을 제시해드릴 수 있는 것입니다.

올해는 동봉된 팸플릿에 게재되어 있는 대로 더 많은 혜택을 준비하고 있습니다. 물론 이 모든 서비스를 모든 고객에게 제공할 수 있는 것은 아닙니다. 2,100엔 ~2,700엔 상당의 와이셔츠와 블라우스의 무료 증정은 1월 31일까지 치수를 맞추신 분에 한정됩니다.

그럼 빠른 방문을 진심으로 기다리고 있겠습니다.

주식회사 간다 상회 사원 일동

추신. 이 시기의 어머님들은 매우 바쁘시죠? 저희는 어머님들의 부담을 덜어드릴 수 있도록 간다 상회만의 독자적인 다음의 서비스를 제공하고 있습니다. 꼭 이용해주세요.

★ 1 가정에서 교복 측정을 할 수 있습니다(한 분이라도 괜찮습니다. 연락 주세요).
★ 2 무료배송 해드립니다(게다가 시간을 지정할 수 있습니다).
★ 3 여름 의류는 방문하지 않으셔도 전화 1통으로 준비할 수 있습니다.

학생복 전문점 간다 상회

프리다이얼	0120-○○○-○○○
TEL	○○○-○○○-○○○
FAX	○○○-○○○-○○○

봉투의 개봉률을 높이려면 많은 경우, 봉투에 개봉할 수밖에 없는 메시지('티저 카피'라고도 한다)를 각인시킬 수 있도록 고안해야 합니다. 그런데 대부분 여기서 실패합니다. 그저 제품을 팔기 위한 문장만 나열할 뿐이죠. 이렇게 하면 "이것은 팔기 위한 메시지일 뿐이니까 열어보지 않아도 괜찮아요. 어서 빨리 쓰레기통에 버리세요"라는 말을 전달하는 것과 같습니다.

이번에 저는 봉투의 개봉률을 올리기 위해 신청서에 특수한 펜을 삽입했습니다. 어찌 보면 흔한 펜이기도 한데, 제가 종종 저의 DM 캠페인을 위해 미국에서 수입한 펜이 있어서 그 펜을 유용하기로 한 것입니다. 봉투의 개봉률을 올리는 데 제법 효과가 있는 방법입니다.

신청서에는 "이 펜으로 내용을 기입한 후, 지금 바로 문의 바랍니다"라고 행동을 호소하는 문장을 씁니다. 그렇게 하면 반응률이 상당히 올라갑니다. 미국에서는 이렇게 펜을 붙이는 방식으로 약 2배 정도의 반응이 올라간다고 합니다. 1통을 보내는 데 비용은 조금 더 들지만, 그만큼 반응률은 올라가기 때문에 전체 비용으로 따지면 결국 고객획득비용이 낮춰지는 셈입니다.

● 사원은 DM의 반응을 나쁜 것으로 만들고 싶어 한다

자, 순조롭게 내보낸 첫 번째 DM이었는데, 특전의 유효기간도 끝나가서 이번에는 두 번째 DM을 만들기로 했습니다. 그러자 "두 번째 DM은 어떻게 만들면 될까요?"라는 질문이 쏟아졌습니다. 그에 대한 대답은 간단합니다. 제목을 바꾸면 됩니다. 지금까지의 제목은 '부탁이 있습니다'였습니다. 이 제목을 '잊으신 것은 없습니까?'로 바꾸면 됩니다. 즉, 추가적인 작업이 없이도 두 번째 DM을 만들 수 있습니다.

"한번 효과를 본 DM은 수정하면 오히려 실패한다"라고 알려줬더니 어느새 "고객 여러분의 호평에 힘입어 ○월○일까지 연장 캠페인에 돌입합니다"라는 제목이 돌아왔습니다. 이렇게 하면 지금까지의 노력이 모두 허사가 됩니다. 연장 캠페인에 돌입한다고 하면 고객은 "뭐야? 캠페인을 하는 거잖아?"라고 생각하고, 문장 자체를 읽으려 하지 않기 때문입니다.

저는 다시 "잊으신 것은 없습니까?"로 제목만 바꿔도 된다고 제안했습니다. 그러자 이번에는 어떤 제목이 돌아왔을까요? "준비는 되어가나요?"라는 제목이 만들어지더군요. "잊으신 것은 없습니까?"라는 표현이 썩 고급스럽게 느껴지지 않았던 모양입니다.

하지만 "준비는 되어가나요?"라는 표현은 많은 업자가 전화로 영업할 때 종종 쓰는 표현입니다. 이런 표현은 고객이 읽는 순간, '또 학생복 팔기 시작이로군!' 이런 반응이 쏟아질 게 뻔합니다. 기대와 현실에서 갭이 발생하지 않아서 반응은 낮을 수밖에 없겠죠. 저는 다시 "잊으신 것은 없습니까?"라는 표현이 훨씬 낫다고 여러 번 충고했습니다.

이처럼 매상을 올리기 위한 효과적인 방법을 쓰려고 해도 사내 직원들의 저항에 부딪히게 됩니다. 그들은 "좀 더 현실에 맞게 맞추자"라고 하죠. 이것이 '네 번째 오류'입니다. 왜냐하면 고객획득을 위한 중요한 작업이 회사 사무를 수행하는 직원들 입장에서는 본인들이 여태 해왔던 업무를 깨뜨리는 방식이 되기 때문입니다. 어떤가요? 회사를 성장시키려면 제일 중요한 작업은 고객의 수를 늘리는 것입니다. 그런데 이 작업을 사내에서 저항하게 되면, 결국 회사 자체가 성장할 수 없게 됩니다. 따라서 사내에서 저항이 생긴다면, 이는 매출 증가의 전조라고 여기셔도 됩니다.

07 반응을 높이는 5개의 원칙

DM의 기본. 없어서는 안 될 요소를 요약해보자

이 장에서 제일 마지막에 소개해드릴 내용은 DM에 필수적으로 들어가야 할 항목이 모두 들어간 기사의 성공 사례입니다. DM에만 적용되는 것이 아닌, 모든 광고에 필요한 고객의 반응, 즉 '어떻게 하면 돌아보게 할 수 있을까?', '어떻게 하면 신뢰를 얻을 수 있을까?', '어떻게 하면 행동을 일으킬 수 있을까?' 등 유익한 토픽을 알아봅시다.

● 반응이 높은 DM이란?

다음에 소개할 DM은 성공한 DM입니다(84페이지 참고). DM을 열어보면 그 안에 참고할 만한 내용이 많습니다. 특히 중요한 내용을 정리한 다음의 5가지 포인트를 주목해주세요.

1. 대상 고객의 명확화 – 길에서 부르면 돌아볼 것인가, 말 것인가?

세일즈 레터의 제목은 '○○학원 고등학교 2학년 학생 여러분께'입니다. DM을 받은 고객이 '이 편지는 나를 위해 누군가 보내온 것'이라고 여기면 반응률이 올라갑니다. 이것이 바로 DM의 제일 중요한 원칙입니다. 어떻게 하면 그런 효과를 낼 수 있을까요? 충분히 대상을 분석하면 됩니다.

예를 들어, 역 앞에서 "고등학생 여러분!"이라고 목청 높여 부르면 어떤 효과가 생길까요? 생각보다 반응률은 떨어질 것입니다. 그런데 "○○학원 고등학교 2학년 학생 여러분!"이라고 한다면 이야기는 달라집니다. 부름의 대상이 된 학생들은 반드시 돌아보게 되어 있죠. DM도 마찬가지입니다. 고객의 대상을 명확하게 지정해서 불러야 반응률이 올라갑니다.

2. 최종 행동에 이르기까지 전 과정의 스텝을 기록하기

세일즈 레터의 뒤에는 다음 스텝을 위한 명확한 지시가 명시되어 있습니다. "검토를 바랍니다"라고 애매한 표현이 있는 게 아니라, "부모님과 상담해서 프리다이얼로 전화해 ○○이라고 전달 부탁드립니다"라고 상당히 구체적으로 지시 사항이 적혀 있습니다. 이렇게 명확한 표현은 명확한 행동을 불러일으킵니다.

고객에게 "지금 당장 전화를" 이렇게만 말하는 것이 아닌, '부모님과 상담해서'→'프리다이얼로 전화해'→'○○이라고 전달 부탁드립니다'라고 최종 행동에 이르기까지의 모든 과정을 명시하고 있습니다.

저에게 상담받으러 오는 전단지와 DM의 상당수가 '지금 당장 ○○을!'이라는 문장을 빼먹곤 합니다. ○○을 하게 하고 다음의 행동을 명확화하는 것은 고객으로 하여금 행동을 일으키게 하는 장치입니다. 그와 동시에 광고를 제작하는 입장에서도 그 목적을 확실하게 하는 이유이기도 합니다.

3. 읽는 이로 하여금 우월감을 느끼게 하는 절묘한 테크닉

이 세일즈 레터는 마지막 문단에서 읽는 고객에게 우월감을 심어줍니다. 이런 점은 상당히 잘된 DM의 예입니다. '이 편지는 ○○ 학원 2학년생 모두에게 보내드리는 것은 아닙니다' 이 한 문장이 효과를 불러일으킵니다.

팔고자 하는 상품을 매력적으로 설명하고 고객에게 '이 상품은 꽤 괜찮은 상품입니다'라고 생각하게 한 뒤, 이 상품의 혜택을 누릴 수 있는 고객을 한정시킵니다. 이 기술은 상당히 효과적으로, 상대의 행동을 지도할 수 있어서 한번 사용하기 시작하면 멈출 수 없는 기술이기도 합니다. 이 문장을 좀 더 화려하게 바꾸면 다음과 같이 수정할 수 있습니다. '지금까지의 안내는 물론 모든 고객님에게 드리는 것이 아닙니다. 최고

○○ 학원 고등학교 2학년 학생 여러분께 ← 체크 1-4

↖ 여기에 펜으로
밑줄 긋기

드디어 2학년이네요.

지금부터 영어, 수학, 국어, 물리, 사회 등 어느 교과목이든 어려워
지겠네요. 여러분은 ○○학원의 수업이나 시험에 대비하기 위한
정통의 '○○수업'이 있다는 것을 익히 알고 계실 것입니다.

◇ **동아리 활동이 바빠서 효과적인 공부법이 없는지 찾고 있는 학생!**
◇ **2학년 공부를 제대로 따라잡을 수 있을지 불안한 학생!**
◇ **학원에 다니고 있지만 성적이 오르지 않아 고민하는 학생!**

저희에게 맡겨만 주세요! ○○수업에 말입니다!

'○○수업'은 선생님이 가지고 있는 지도교재에서 만든 것으로, 교
과서에 딱 알맞은 *100% 번역, 해답, 해설*이 있는 수업입니다.
게다가 학생들 사이에서 인기가 높은 *정기고사 전문의 예상문
제*가 있어서 이것만 마스터하면 시험 준비는 문제없습니다.
만약 궁금하신 점이 더 있다면 *FAX로도 보충수업*을 받으실 수
있습니다.

평균 성적이 1.0 정도 금방 오를 수 있습니다.
절대적인 효과가 있다는 것을 보장합니다.

자세한 내용이 쓰인 팸플릿이 들어가 있으니 잘 살펴보시고 부모 ⎫ 체크 1-5
님과 상담해서 프리다이얼로 전화해 ○○이라고 전달 부탁드립니다. ⎬ 행동을
⎭ 불러
일으키기
까지의
전 스탭

체크
1-6
대상을
한정하기!

이 편지는 ○○ 학원 2학년생 모두에게 보내드리는 것은 아닙니다. 올해
졸업한 졸업생들, 현재 저희 수업에 다니고 있는 분들의 소개가 있는 분들에
게만 이 내용을 소개하고 있습니다. 따라서 저희 쪽에서 실례가 되는 전화는
드리고 있지 않습니다. 동아리 활동을 해도 보통 클래스의 3위 이내로, 안심
할 수 있는 시스템(입시 대책)이므로 가벼운 마음으로 상담 부탁드립니다.

┌─ 반갑습니다. 담당의 ○○입니다. ─┐

고교 교수법을 익혀
관리하고 있습니다.
열정이 넘치는 열혈파로,
원래 핸드볼 선수였습니다.

○○ 학원 담당

합격 어드바이저

○○ ○○ ← 체크 1-7
타이틀에
주목

(원문 그대로)

의 상품을 안내하는 한정 계획이므로 내방하는 고객님들께서는 필히 이 안내장을 지참 부탁드립니다' 이런 방식으로 '전원에게 DM을 내보내고 있는 것은 아니다'라는 인식을 강조합니다.

사례로 든 편지 내용 중에는 "현재 저희 수업에 다니고 있는 분들의 소개가 있는 분들에게만 이 내용을 소개하고 있습니다"라는 표현이 있습니다. 이 표현법은 상당히 잘 표현된 문장입니다. 요즘은 갑자기 업체에서 DM을 발송하면 "누가 대체 어디에서 내 이름을 입수한 것이냐?"라며 항의가 들어옵니다. 그러한 항의로부터 적절한 대처를 한 문장이라고 볼 수 있습니다.

4. 안도감을 주기 위한 자기 프로필과 직함

마지막에 자기소개하는 칸이 있습니다. 이 자기소개를 통해 자신의 정보를 미리 내놓으면 내놓을수록 읽는 이에게 친근감을 줄 수 있습니다. 예를 들어, 자기 가족의 이야기, 자라온 이야기, 실패담 등을 쓰면 특히 효과를 볼 수 있습니다.

특히 재미있는 부분은 '○○학원 담당 합격 어드바이저'라고 하는 소개입니다. ○○학원 담당이라고는 해도 당연히 담당하고 있는 고등학교의 수는 몇십 개일 것입니다. 이는 고객을 상대로 직함을 바꾸는 일을 시도하고 있는 것과 같습니다. 합격 어드바이저라고 하는 직함은 요약하자면 영업맨입니다. 이 편지로 담당자는 고객에게 자신이 어떻게 보일 것인지 연구합니다. 얼마 전, 혼자서 연간 1억 엔의 안경 매출을 일으키고 있는 영업맨을 만났습니다. 그녀의 명함에 뭐라고 쓰여 있었을까요? '안경 컨설턴트'입니다.

여러분의 명함에 '영업'이라고 명시되어 있다면 큰 잘못을 저지르고 있다고 해도 무방합니다.

5. 다이렉트 메일이 아닌, 패키지

이전의 뉴스레터에서도 썼지만 다이렉트 마케팅의 프로는 DM을 '다이렉트 메일'이라고 부르지 않고, '다이렉트 메일 패키지'라고 부릅니다. 그러니까 메일(편지)만 중요하다는 게 아니라 삽입물 전체가 모두 중요하다는 뜻입니다. 고객이 행동을 일으키려면 필요한 요소가 전부 준비되어 있지 않으면 안 됩니다.

이번에 보여드릴 사례는 여기서 우리가 말하는 '패키지'에 적합한 사례입니다. 1통의 DM을 보내는 데 필요한 요소가 전부 망라되어 있습니다.

■ 세일즈 레터

세일즈 레터라고 하는 것은 되도록 짧으면 짧을수록 좋습니다. 하지만 문장의 길이가 중요한 것은 아닙니다. 그보다 중요한 지점은 고객을 행동하게 하는 데 필요한 모든 내용을 쓰는 것입니다.

고객이 행동하게 하기 위해서는 120%의 설명을 해야 합니다. 그렇게 되면 대체로 1페이지의 분량만으로는 부족합니다. 따라서 잘 쓴 세일즈 레터는 대체로 2, 3장으로 마무리되는 경우가 많습니다.

■ 리스폰스 툴

'무료 체험 설명회 개최!'라는 표현은 '공부 좀 했구나' 하는 느낌을 줍니다(88페이지 참고). 설명회를 소개하면서 실제로는 "어떤 것인지 보러 오시는 게 좋습니다"라고 적혀 있죠. 대체로 통신강좌의 영업방문을 '무료 체험 설명회'라고 지칭합니다. 이 체험 설명회에 고객이 참여하도록 유도하는 것이 다음 스텝이 되는 것이죠.

이런 방식으로 고객이 다음 스텝을 향하도록 유도하는 장치를 '리스폰스 툴'이라고 합니다. 이 사례에서는 B5판 종이에 설명하고 있지만, 일반적으로는 지갑에 들어갈 수 있는 크기로 제작합니다. 그렇게 해야 보존성이 유지되고, 최후의 행동을 고객이 취하는 게 쉬워지기 때문입니다.

무료 체험 설명회 개최!

(설명회의 내용이 어떤 것인지 보러 오세요)

◎ 교과서에 딱 들어맞는 획기적 시스템

◎ 여러분의 클래스 수업에 맞게, 필요한 장소에서, 언제든 공부를 할 수 있습니다

◎ 무려 80% 이상 적중률을 보이는 중간, 기말고사의 예상문제도 들어 있습니다!

◎ 'OOOO'을 시작했더니 하루 밤샘으로 100점 획득했어요!

◎ 'OOOO'으로 센터 시험 대책은 완벽!

◎ 추천 대책 100% OK!

◎ 동아리 활동을 해도 재미있게 즐길 수 있어서 OK!

동아리 활동을 해도 클래스에서 3위 이내
안심할 수 있는 시스템 (입시 대책 100%)

OOO과 여러분의 기대에 딱 들어맞는 시스템입니다!

♪ 자세한 문의는 전화로 물어보세요. (월~토요일)

프리다이얼 0120-000-0000
프리다이얼 응대 시간은 AM 10:00~PM 8:30입니다.

담당 : 합격 어드바이저 OO OO

(원문 그대로)

■ 고객의 체험담

이 패키지의 내용에는 '○○○○ 강좌 체험담'이라고 적혀 있습니다. 체험담을 작성할 때의 포인트는 정말로 고객이 직접 쓴 것 같은 느낌을 풍겨야 합니다. 따라서 체험자의 이름을 이니셜로 쓰는 것은 치명적인 실수입니다. 이니셜을 쓸 바에는 차라리 안 쓰는 것이 좋습니다.

고객의 이름을 쓸 때는 원칙적으로 풀네임으로 씁니다. 직업도 기재하는 게 좋습니다. 주거지도 적습니다. 되도록 자세히, 체험자의 프로필을 씁니다. 극단적인 경우, 체험자의 전화번호도 기재하는 사례가 있습니다. 그 정도로 자세한 프로필 기재가 중요하다는 뜻이겠죠.

현실적으로 체험자의 본명을 쓰면 안 되는 경우에는 <u>가명으로라도 그럴듯하게 문장을 만들어 기재합니다.</u> 그리고 다음의 문장을 덧붙입니다.

"프라이버시 보호를 위해 가명으로 기재된 점 양해 바랍니다. 이 체험담의 원본은 전부 우리 회사에 보관되어 있습니다."

자, '고객의 소리'는 많을수록 좋습니다.

■ 상품 설명 리플렛(또는 카탈로그)

리플렛이나 카탈로그를 만드는 목적은 회사를 향한 고객의 신뢰도를 확보하기 위해서입니다. 하지만 그 내용은 대체로 고객의 반응률과는 상관이 없어서 4색 컬러와 같은 디자인으로 승부를 보면 됩니다.

그렇다고 해서 리플렛이나 카탈로그를 만들 때 돈을 들이면 실패합니다. 예쁜 카탈로그를 만들고 싶은 유혹은 이해합니다만 그러지 말기를 바랍니다. 카탈로그를 만들 때, 한 가지 팁이 있습니다. 대상 고객이 주로 보는 잡지의 레이아웃을 참고하면 큰 실패가 없습니다.

■ '된다', '할 수 있다'라는 표현을 쓰기

○○○○ 강좌의 특징이 20개에 걸쳐서 나열되어 있습니다 (91페이지 참고). 이렇게 '장점 쓰기'에는 포인트가 있습니다. '○○이 된다', '○○ 할 수 있다'의 ○○ 부분을 명시하는 것입니다. 이런 표현을 쓰게 되면, 독자는 상품(또는 서비스)에 대해 머릿속에 이미지화하는 것이 쉬워집니다. 인간은 머릿속에 이미지를 떠올린 후에 그것을 행동으로 옮긴다는 것을 잊지 말아야 합니다.

■ 숫자를 포함한 캐치프레이즈

캐치프레이즈는 구체성이 확보되어야 합니다. '학원보다 경비는 싸지만 효과는 두 배!!'라고 하는 캐치프레이즈(92페이지 참고)를 보세요. 어떤가요? 깔끔하게 알기 쉽지 않나요?

체크 1-8
○○이 된다, ○○할 수 있다!

○○○○의 특징

1. 여러분의 고등학교 수업에 100% 대응한 시스템
2. 지정 고등학교에 한정한 사람만 받을 수 있는 기회!
3. 교과서 완전 해설의 '마스터 프린트'를 받을 수 있어요.
4. 반드시 출제되는 정기 테스트의 특급 비밀 예상 문제를 받을 수 있어요.
5. 선생님이 가르쳐주는 내용을 쉽게 알 수 있어요.
6. 선행 학습을 받을 수 있어요.
7. 예습, 복습이 편리하게 이뤄집니다.
8. 중요 항목을 알 수 있어요.
9. 수업이 재미있어집니다.
10. 내신 성적이 쑥 올라갑니다.
11. 지정학교를 망라할 수 있어요.
12. 센터 시험에 대비할 수 있어요.
13. 현역 합격이 가능합니다.
14. 동아리 활동으로 바쁜 학생도 OK.
15. 연속성의 불안이 없어요.
16. 집에서 언제든 좋아하는 수업을 들을 수 있어요.
17. FAX를 무료로 사용할 수 있어요.
18. 취업에도 유리해요.
19. 부모님께 "공부해라" 잔소리를 듣지 않아도 됩니다.
20. 알바를 하느라 바쁜 분도 OK.

(원문 그대로)

학원이 아니에요!
교재, 참고서도 아닙니다!

◎ 현역으로 진학을 생각하고 있는 사람에게는 이 방법밖에 없습니다.

마스터 프린트로 수업 내용을 알 수 있습니다.

※ 선생님의 지도서로 만들어졌기 때문에 수업과 딱 일치합니다.

↓

여러분에게는 수업이 복습입니다!

※ 수업이 완벽한 복습이 되므로 이 시점에서 이해와 정착을 할 수 있습니다.

↓

와~! 100점 맞았다!!

※ 여러분이 잘 모르는 부분은 프로 선생님이 여러분이 이해할 때까지 알려주기 때문에 안심하세요.

평점 5.0도 꿈이 아닙니다.

☆ 성적을 올려서

추천을 받자

☆ 교과서, 수업의 완전 이해로

센터 시험은 8할 이상 득점 OK

◎ 가격은 다음과 같습니다. (월액)

매달 8,400엔부터

(영어, 수학, 국어, 물리, 사회 과목에 따라 가격이 달라집니다. 자신이 취약한 과목을 들어 보는 것도 하나의 방법입니다)

↙ 체크 1-9

◇ 학원보다 경비는 싸지만 효과는 두 배!! 숫자를 적으면 구체성이 올라간다.

프리다이얼 0120 - 000 - 0000

㈜ ○○ 합격 어드바이저 ○○ ○○

(원문 그대로)

금단의 세일즈 카피라이팅

그 이유는 '두 배'라는 숫자에 있습니다. 간단히 말해서, '숫자'를 명확히 적는 것으로 캐치프레이즈의 문장은 훨씬 더 구체성을 나타낼 수 있습니다. 예를 들어, '경비를 삭감합니다'라는 문장은 구체적인 캐치프레이즈가 될 수 없습니다. 그런데 이 문장을 '당신의 경비를 90일 이내에 최소한 17% 삭감합니다'라고 바꾸면 고객의 반응률은 쑥 올라갑니다.

'지역 제일의 점포' 이런 표현도 구체적인 캐치프레이즈라고 할 수 없습니다. '저희 매장은 취급하는 메이커 수가 71개사, 평상시 재고상품 수가 473개로, 재고량으로도, 취급 상품 수로도 지역 제일입니다. 저희 매장에 상품이 없다면 다른 매장을 방문하셔도 소용이 없을 것입니다' 이렇게 숫자를 문장에 명시하는 것만으로 글에 힘이 실리게 됩니다. 즉, 고객은 '신뢰성이 간다'라고 여기게 되는 것이죠.

지금까지 재미있는 사례를 많이 살펴봤습니다. 신규 고객을 획득하기 위한 DM의 쓰기 법을 설명해드렸죠. 끝까지 강조하고 싶은 것은, 고객의 반응률을 높이는 전단지나 DM을 쓰기 위해서는 읽는 이에게 '아, 이건 우리를 위해 쓰인 편지구나!'라고 느끼게 해줘야 한다는 것입니다. 그러기 위해서는 대상을 확실하게 정한 글쓰기를 해야 합니다. 하지만 대체로 일반 상인들은 '모든 상품을, 모든 고객에게 팔고 싶어 하는' 습관이 생겨 고객의 범위를 좁힐 수 없습니다. 그래서 실천회는 먼저 다음 문장의 ○○ 부분을 명확히 해서 고객을 획득할 것을 추천하고 있습니다.

"○○으로, ○○의 방향으로 긴급 안내!"

예를 들어,

"타카사고 지역에서 2세대 주택을 계획하고 있는 분에게 긴급 안내!"

이렇게 말이죠.

이 ○○ 부분을 명확하게 표현하면, 어떻게든 읽는 대상을 한정할 수 있습니다. 거기에 '긴급 안내'라는 정보의 다급함을 심어주면 더 효과적입니다.

이렇게 간단한 테크닉으로 대상 고객을 한정시켜 다급함을 의식하게 하면, 팔리는 문장을 여러분도 충분히 쓰실 수 있게 됩니다. 지금 문장 쓰기에 고민하고 있다면 우선 써봅시다.

제2장

'금단의 DM' 편

DM(다이렉트 메일)은 혹시 시대에 뒤떨어진 수법일까요? 물론 저의 대답은 "NO"입니다.

지금까지 소개해드린 글쓰기 기초는 인터넷상에서 제품을 판매하기 위한 다이렉트 마케팅의 기본이었습니다.

이번 장에서는 다이렉트 마케팅에 필요한 사고 방식과 모든 것을 포함한 사례를 대공개합니다.

01 무료로 고객이 일하게 하는 방법

여러 테크닉에서 당신은 몇 개를 해볼 수 있을까?

DM은 기본(앞의 장 참고)을 확실히 알고 있으면, 그다음은 각 회사가 알아서 자신들의 개성을 표출하면 됩니다. 포인트는 그 안에 쓰이는 세일즈 레터의 '표현력'과 '어떻게 하면 고객을 끌어들일 수 있을까?'에 있습니다. 많은 성공 사례를 가진 실천회원인 '지지야'의 사례를 토대로 개성적인, 그리고 확실한 글쓰기 테크닉을 여러분께 소개하겠습니다.

자, 이번에도 대단한 작품 후보들이 준비되어 있습니다. 어서 빨리 소개해야겠군요. 실천회의 마케팅[3]을 실천하기 위해서는 에너지가 필요합니다. 그 에너지의 결합체가 바로 건어물

---

3) 실천회의 마케팅 : 간다 마사노리가 제안하는 다이렉트 마케팅을 실천 → 그 실천 사례를 회원 공동으로 공유해서 보다 실천을 확장함으로써 '앞서나가는' 시스템을 보여줬습니다.

가게인 '지지야'의 아키타케(秋武) 사장입니다.

그는 '바나나를 투매[4]'해서 TV에서 인터뷰했고, 이를 놓치지 않고 고객을 끌어모으는 데에도 활용하는 등, 발군의 센스를 보여주고 있었습니다. 그런데 최근 더욱 깔끔해진 DM으로 회원들의 눈길을 사로잡고 있습니다.

100~101페이지의 DM은 백중[5] 맞이 기념상품들을 안내한 내용임에도 누구나 실천하고 싶은 내용의 재미있는 DM입니다. 이런 DM을 우리는 '세일즈맨십 인 프린트'라고 부릅니다. 즉, '인쇄된 영업맨'이라는 뜻입니다. 이 문장을 읽다 보면 어떤 그림이 그려지지 않습니까? 마치 상점 앞에 서서 상품을 팔고 있는 점원의 목소리가 바로 가까이서 들리는 기분이 들지는 않나요?

실천회의 테크닉이 잘 정돈되어 있는 DM이므로 여러분께 몇 가지 테크닉이 활용되고 있는지 알려드리도록 하겠습니다.

■ 테크닉 ①
제목으로 끌어들여 본문을 읽게 하라

먼저 공부하는 입장에서 봤을 때 감탄하게 되는 문장이 있습니다. 바로 다음의 문장입니다.

---

4) 바나나를 투매 : 왜 바나나를 투매했는지는 186페이지를 참고해주세요.
5) 백중 : 전통적인 보름 명절의 하나로, 일본에서 오봉(お盆)이라는 명절로 남아 있습니다. 양력 8월 15일 전후로 치러지며, 우리의 추석과 같은 명절입니다. - 편집자 주.

"효능을 입증합니다! 아무튼 백중 맞이 기념품은 저희 지지야에 맡겨만 주십시오! 하지만 어떻게든 효능을 듣고 싶으신 분들은 읽어주세요."

이 문장은 견본책으로 내고 싶을 만큼 아주 훌륭한 표현입니다.

"효능을 입증합니다! 아무튼 ○○은 우리 회사에 맡겨만 주십시오! 하지만 어떻게든 효능을 듣고 싶으신 분들은 읽어주세요."

지지야의 문장을 견본으로 공식에 대입해 여러분의 상품을 알릴 수 있습니다. ○○만 간단히 바꾸면 되는 것이죠. 이런 식으로 제목을 잘 지으면 효능(본문)을 읽지 않을 독자는 없습니다.

효능을 입증합니다! 아무튼 백중 맞이 기념품은 저희 지지야에 맡겨만 주십시오!

백중 세트 전단지는 노란색 종이, 고객의 소리는 분홍색 종이에 있습니다.

2대째 지지야 운영

하지만 어떻게든 효능을 듣고 싶으신 분들은 읽어주세요..

대단히 죄송합니다. 드디어 백중용 특별세트 팸플릿을 보내드리게 됐습니다. 이미 예약하신 고객님들은 대단히 오래 기다리신 점, 잘 알고 있습니다. **올해도 또한 '전국 배송비 지지야 무료!'** 에 관해 알려드리고자 합니다.

자, 올여름에도 지지야의 백중 상품으로 "맛있다!"라고 호평받았습니다.

이전 연말연시에 이용하신 고객님들로부터도 대단한 호평을 받아, "백중 맞이 카탈로그는 아직 도착하지 않았나?" "내용은 어찌 됐든 제품 예약부터 잡아주세요!"(아직 상품 구성도 시작도 안 했는데 말이죠) 등의 꾸지람을 많이 듣고 있습니다. 작년에도 최종적으로 제품의 수를 맞출 수 없어 고객 여러분들에게 폐를 끼쳤습니다. 그런데도 이미 많은 고객분에게 선주문받을 수 있어 무척 기쁘게 생각합니다. 제조에도 더욱 신경 써서 공장 풀 가동을 할 정도로 준비하고 있는 상황입니다.

저 또한 고객님들의 성원에 힘입어 되도록 빨리 내용을 전달하고 싶어 백중을 맞는 준비를 끝내고 싶었지만, 상대는 예측할 수 없는 바다입니다. 확실하게 주문에 맞게끔 제품 수를 맞출 수 있을지, 없을지를 아슬아슬하게 계속 살피고 있습니다. 그래서 이렇게 카탈로그 발송이 늦어지게 된 점 양해를 구합니다.

이것은 반년, 1년 전부터 기획하는 홈쇼핑 상품과는 전혀 다른 상황입니다. 저희는 가능한 한 제철 상품을 맛보실 수 있게 준비하고 있기 때문입니다. 그래서 부득이 이번 전단지도 검은색 글씨로 단조롭게 제작된 점, 이해를 바랍니다.

자, 변명은 이 정도까지만 하겠습니다. 이번의 '백중 맞이 특별 세트'는 여름의 맛을 물씬 느낄 수 있는 상품들로만 구성되어 있습니다. 지지야 입장에서도 대단히 자부심을 느끼는 상품 구성입니다. 현재, 새벽 시장에 나가 신선한 생선을 계속 확보하고 있습니다. 꾸준히 팔리고 있는 '전갱이'와 더불어 즐기실 수 있을 것입니다.

지지야의 건어물은 여러 번 말씀드리지만, 칸몬해협과 현해탄에서 얻은 아주 신선한 상품입니다. 게다가 창업한 지 35년이 넘은, 칸몬해협의 오래된 건어물 전문점으로서 대단한 자부심이 있습니다. 일본에 수많은 건어물 가게와 다른 점은 맛을 낼 때 쓰는 '소금물'입니다.

극비 정보

※ 주목! 6월 23일 텔레비전도쿄 〈아토가쿠텐고쿠〉에 지지야가 출연합니다! 토요일 밤 9시부터입니다! 봐주세요!! 달력에 체크체크~!

지금만

(뒷면도 읽어주세요 →)

이것은 우리 가게의 특급 비법과 같은 것입니다. 지지야에서는 창업 이래로 '소금물'을 사용하고 있습니다. 소금과 물을 매일 정성껏 섞어 저어 써야 합니다. 생선 추출물이 충분히 스며 있어서 생선 본연의 감칠맛을 살린 건어물이 완성됩니다.

이번에 선보이는 모듬 세트도 지지야 전통의 건어물 제조법으로 만든 것들뿐이므로 안심하고 구매해주시기 바랍니다.

"이 여름밤, 꾸덕꾸덕 건어물과 함께,
그리고 맥주 한 잔을 곁들이며 뜨겁게 후~후~ 하면서 먹자구나!
맛있다!!"

지지야는 백중을 맞아 건어물을 구매하신 분들이 "맛있는 건어물을 받았다" 또는 "이렇게 맛있다니 정말 깜짝 놀랐다"라고 평가해주시길 간절히 바랍니다.

또한, 선물로 준비를 하신 분들에게 "역시 지지야에서 선물을 사길 잘했어"라고 반응해주시길 바랍니다.

저희 상품을 보증하기 위해 지지야에서는 '**상품완전보증**'을 실행하고 있습니다. "고객님의 사유 여하에 관련 없이 반품, 교환, 환불에 응합니다."
(다만, 고객님의 완전한 착오인 경우에는 택배비를 부담 부탁드립니다)

건어물이 맛이 없었다고 해도 상관은 없습니다. 저희는 그만큼 건어물에 관한 한 자신이 있습니다. 거기에는 책임도 있다고 여깁니다. 다른 회사에 흔히 있는 "날것이므로 반품은 어렵습니다"라는 규정은 저희에게 없습니다. 아무튼 저희 지지야에 완전히 맡겨만 주십시오.

자, 이번의 '**기간 한정, 백중 맞이 특별 상품 안내**'는 통상의 요금과 비슷하게, 게다가 전국 배송비도 지지야에서 부담하는 것으로 실행하고 있습니다. 매번 반복되는 일이지만, 지지야 운영자가 부인에게 "적자가 난다!"라고 혼나는 기획이기도 합니다. (그래도 매년 백중날과 연말연시에 고객 여러분들의 맛있게 드셨다는 편지를 받으면 기분이 좋아지곤 합니다만…)

부디 이번에도 백중에는 저희 특별기획 세트를 이용 바랍니다.

안내가 늦어진 점, 죄송합니다. 장마철로 습한 계절이지만 몸 건강히 지내시길 바랍니다.

점주 **지지야, 타이스케**(太助)

추신 : 대단히 인기 만점인 세트입니다. 벌써 많은 선주문이 들어오고 있습니다. 매년 일어나는 일이지만, 수가 모자라기 때문에 지금 바로 예약 주문 부탁드립니다. 물론 취소하는 것은 자유입니다. (발송일 3일 전까지)

주문은 지금 바로!

한시라도 빨리!
주문전화번호 통신료 무료 프리다이얼 **0120-159-889**
★ 이 상품의 주문은 8월 10일까지입니다.

주문 기다리고 있겠습니다~
점원 일동

(뒷면도 읽어주세요→)

(원문 그대로)

문장의 첫 부분에서 상대에게 장점을 전달하라

지지야의 전단지를 보면, 시작 단락부터 고객이 얻을 수 있는 장점을 부각하고 있습니다. "전국 배송비 지지야 무료!" 사실 보통의 '긴 문장의 DM', '긴 내용의 세일즈 레터'에서는 '고객이 얻을 수 있는 장점'을 바로 전달하지 않습니다. 하지만 DM(또는 세일즈 레터)의 도입부에서는 고객이 이 DM을 계속 읽었을 때 얻을 수 있는 장점을 먼저 제시하는 게 좋습니다. 그런 점에서 이 지지야의 DM은 독자 입장에서 기분이 좋을 정도로 명확하게 선두에서 장점을 부각하고 있습니다. 게다가 '무료'를 내세우면서 말이죠. 어떤가요? '장점이 있다, 없다'의 차이점이 느껴지시나요?

■ 테크닉 ③

상대의 진짜 니즈와 원츠를 이해하라

그다음으로 멋진 표현은 뭘까요? 바로 고객들에게 "맛있다!"라고 평가받기를 원한다는 내용입니다. 이 표현은 간단해 보이지만, 많은 사람이 놓칠 수 있는 표현이기도 합니다. 대체로 선물 세트의 DM은 '상품의 좋은 점', '저렴한 가격'을 강조하곤 합니다. 그런데 지지야의 '백중맞이 상품'은 고객의 진짜 니즈(needs)와 원츠(wants)[6]가 무엇인지 궁리하고 있습니다. 그렇다면 지지야를 찾는 고객들이 원하는 것은 무엇일까요?

단순히 '맛있다'라는 것을 요구하는 게 아닙니다. '선택하는 것이 간단'하고, '선물 받은 상대가 기뻐하는' 것이 지지야를 찾는 고객들이 원하는 지점입니다. 다르게 표현하면, "이런 선물이라면 까다로운 상대도 만족하고 미소 지을 거야"라는 희망사항이 내재되어 있다는 것입니다.

이렇듯 최종 소비자(엔드 유저)가 '돈을 잘 쓰는 사람이 아닐' 경우, DM을 작성하는 사람은 누구를 기뻐하게 할 것인지를 잘 생각해야 합니다. 지지야의 DM은 예전 고객(엔드 유저)이 기뻐했던 포인트를 놓치지 않고 한 번만 확인한 게 아니고 두 번, 세번 강조하고 있습니다. 역시나 대단한 지지야입니다.

■ 테크닉 ④

모든 결점은 장점이 된다

지지야의 DM 내용을 보면, '백중 안내가 늦어진 점'에 대한

---

6) 니즈(needs)와 원츠(wants) : needs(필요성)가 있고 wants(욕구)가 있으면 최강의 결합상태가 됩니다. 필요성만 있는 상품은 구매로 이어지지 않고, 욕구만 있는 상품은 그 필요성을 의심받습니다. 자세한 내용에 대해서는《당신의 회사가 90일 안에 돈을 번다!》를 참고하세요.

이유가 적혀 있습니다. "대량판매와 달리 상품이 신선해서 어쩔 수 없이 늦어진다"라고 늦어지는 사유를 밝힙니다. 일단 그 럴듯하게 들립니다. 하지만 사실 업무가 너무 바빠서 매년 늦어지는 것일 수도 있습니다.

아무튼 어떤 말을 해도, 어떻게 표현하느냐에 따라 장점이 될 수 있습니다. 하지만 보통의 경우, "이렇게 안내가 늦어지면 더 이상 구매하지 않겠습니다"라고 고객은 처음부터 포기하게 됩니다. 특히 규모가 작은 회사일 경우에는 자신의 약한 점을 반대로 강점으로 내세우는 전략이 필요합니다. 잘 찾아보면, 대기업을 상대할 만큼의 장점이 반드시 있습니다.

■ 테크닉 ⑤
시각, 청각, 촉각을 묘사하라

DM을 보면, "이 여름밤, 꾸덕꾸덕 건어물과 함께, 그리고 맥주 한 잔을 곁들이며 뜨겁게 후~후~ 하면서 먹자구나! 맛있다!!"라는 표현이 있습니다. 이 부분이 정말 중요합니다.

인간은 '시각에 반응하는 부류'와 '청각에 반응하는 부류', 그리고 '신체에 반응하는 부류', 이 3가지 종류의 반응 부류가 존재합니다. 따라서 이 세 종류의 사람에게 모두 부응하는 문장을 쓰면 보다 효과적입니다. DM의 문장에는 소리, 시각, 감각

금단의 세일즈 카피라이팅

을 모두 곁들여 표현하면, 독자를 빠른 속도로 잡아당길 수 있습니다. 이것이 바로 프로가 쓰는 '반응을 얻기 위한 문장 테크닉'입니다.

■ 테크닉 ⑥

상품에 대한 자신감을 확신하게 만드는 보증의 표현

지지야의 DM은 '상품보증'[7]의 표현으로 더욱 빛을 발합니다. 보통의 보증은 '상품 품질에 대한 만족'을 보증합니다. 그에 비해 지지야의 DM은 상품에 대한 만족을 '확신'하게 합니다. 이것이 바로 차이점입니다.

"다른 회사에 흔히 있는 "날것이므로 반품은 어렵습니다"라는 규정은 저희에게 없습니다. 아무튼 저희 지지야에 완전히 맡겨만 주십시오."

이 문장은 품질에 대한 고객의 확신을 더욱 확고하게 만드는 문장입니다.

---

7) 상품보증 : 고객이 구매 행위를 하기 위한 장애물을 뛰어넘기 위해서는 각종 '보증'을 고안하는 것이 중요합니다. 이는 간다 마사노리의 마케팅 수단이기도 합니다. 자세히는 《불변의 마케팅》을 참고하세요.

■ 테크닉 ⑦

추신으로 다급함을 끌어내라

추신에서는 익히 아시다시피 'PASONA의 법칙'(문제점의 명확화 - 문제점 키우기 - 해결책의 제시 - 범위 축소 - 행동을 향한 부름)을 적용합니다. 결론을 내는 캐치프레이즈로, '다급함을 끌어내기 위한 테크닉'을 잘 활용하고 있습니다. 부디 잘 참고해서 적용해보시길 바랍니다.

■ 테크닉 ⑧

보낸 사람이 아닌, 받은 사람의 기쁨의 소리

아키타케(秋武) 사장님, 이것은 'DM 마스터'의 요새 같군요. 간단히 말하자면 선물을 보낸 사람의 소리를 모은 것이 아니라, 받은 사람이 기뻐한 목소리를 모은 것입니다(108페이지 참고). 이런 방식으로 고객의 원하는 지점을 찾았다면 철저하게 파고들어야 합니다. 타협할 필요는 없습니다.

■ 테크닉 ⑨

고객이 일하게 하자

111페이지의 봉투 표면을 살펴보시길 바랍니다. 이것은 참 대단한 일입니다. 고객에게 받은 일러스트를 봉투 디자인으로 활용하다니요. 그러니까 고객이 지지야를 위해 일을 한 셈입니다. 음, 역시 실천회 아카데미상 후보 작품[8]에 올라도 손색이 없겠군요. 이렇게 커뮤니케이션을 하게 되면 고객의 만족도는 더욱 올라갈 수밖에 없습니다.

■ 테크닉 ⑩

DM 뒷면의 카피

봉투에는 또 다른 DM 뒷면에 적힌 카피(111페이지 참고)가 있습니다. 이 또한 봉투의 개봉률을 올리는 공부에 있어서 주목할 만큼 반짝이는 아이디어입니다. "오늘 밤, 반신욕을 하실 때 천천히 읽어주세요"라는 문장은 고사카 유지 선생님의 와쿠와쿠계 마케팅 실천회 회원이기도 한 이불 가게가 발명한 수법이기도 합니다.

그런데 그 뒤에 이어지는 "하하하, 그런 여러분에게는 매일 특별히 좋은 일이 생길 것입니다"라는 카피를 보세요. 이 카피

---

8) 아카데미상 후보 작품 : 간다 마사노리의 뉴스레터에 소개된 실천 사례는 매년 1회 열리는 '사장님 아카데미상'(고사카 유지 씨가 주관하는 '와쿠와쿠계 마케팅 실천회'와 공동 주최)의 후보 작품이 됩니다. '회원들의 각자 노력'이 그대로 뉴스레터의 씨앗이 되는 셈입니다.

지지야의 건어물을 "선물해줘서 고마워"의 목소리

'지지야의 건어물'을 선물 받으신 분들의 다양한 목소리를 모아봤습니다.
그중 몇몇 분의 목소리를 소개합니다.

인생의 대선배가 제게 선물을 주시더군요. 엄청 맛있게 먹었습니다. 지역 특성이 살아 있는 상품을 맛볼 수 있어서 **가족 모두 기쁘게 생각하고 주변 친구들에게도 추천했습니다.** 감사합니다.
오사카부 야마네가와 님

정말 맛있는 생선입니다. **매년 기대에 차서 기다리고 있습니다.** 카탈로그 꼭 보내주세요. 멀지만 기다리고 있습니다.
기후현 오가와 님

북규슈의 남동생이 '지지야의 건어물'을 보내왔습니다. 규슈 출신인 저희 부부는 **그리운 맛을 오랜만에 맛보고 정말 크게 감격했습니다.** 앞으로도 이 맛을 꼭 지켜주세요. '지속은 보물이다' 귀사의 번창을 기원합니다. 좋은 맛 늘 감사합니다.
아이치현 세키하시 님

아랫동네에 사는 남동생 부부가 보내왔습니다. 이번에 두 번째 선물인데 **정말 맛있어서 나이 드신 어머님께도 보내드리고 있습니다.** 저희는 산간 지역에 살고 있어서 생선이 아주 귀합니다. 맛있는 생선, 계속 만들어주세요.
구마모토현 하시모토 님

연말 선물로 서리맞은 전갱이를 시즈미 시에서 받았습니다. **특별히 더 맛있더군요.** 다른 제품이 있다면 가격을 알려주세요. 부탁드립니다.
오사카부 오쿠기 님

이번에는 귀사의 가훈 그대로 맛을 느낄 수 있어서 너무 좋았습니다. 이번에는 **지인으로부터 선물을 받았는데 한 번 더 맛을 보고 싶을 정도로 좋더군요.** 남편도 정말 좋아합니다. 프리다이얼을 메모하기 위해 펜을 듭니다. 고맙습니다.
나가사키현 미즈타니 님

사촌 남동생이 보내오는 백중, 연말 선물인 **지지야 건어물은 저의 여름과 겨울을 즐겁게 하는 선물입니다.** 술안주로도 좋고, 반찬으로도 아주 좋습니다. 생선를 아주 좋아해서 다른 회사의 제품을 이용하긴 하지만 지지야의 맛은 **카탈로그에 쓰여 있는 그대로 깊고 풍미가 있습니다.** 현해 바다의 맛이 아직도 입안에 맴도는 느낌이라 너무 기쁩니다.
미야기현 미즈하라 님

어젯밤, 지인이 술과 함께 선물을 보내왔습니다. '명태 멸치'와 '달콤한 하룻밤 건어물'을 남편과 함께 맛보았죠. 옛날, 쇼와9) 28년~35년까지 모지시의 오사토에이구로(현재는 모지구)의 시영주택에 살

있는데, 직업은 모지항에서 해상보안부 순시선 선장이었습니다. **너무 그리운 시간입니다.** 내일도 지지야의 건어물로 맛있게 하루를 시작할 수 있을 것 같습니다. 귀사의 발전을 기원합니다.
도쿄도 도히 님

매년 기쁘게 받고 있는데 올해는 지지야가 더욱 생각이 나더군요. 자연의 맛, 자연의 자태, 그리고 향. 70대에 접어드는 저에게 너무 그립고 맛있는 맛입니다. **제게 선물을 보내준 지인에게 감사의 말씀을 전합니다.** 이번 지지야의 활약 계속 크게 대하겠습니다.
후쿠오카현 스기나가 님

지지야님, 기슈 태생으로 나니와에서 자랐습니다. 오에도를 돌면서 도치기현에 4년 전, 시집을 왔죠. 태어나면서부터 맛있는 생선을 너무나 당연하게 먹고 자랐는데 설마 생선 하나 없는 동네에 시집오게 될 줄은 몰랐네요. **규슈의 지인으로부터 큰 전갱이를 받았을 때, 너무나 기뻐서 펄쩍 뛸 정도였습니다.**
도치기현 가와하라 님

큐슈 하치만에 사는 분에게 **연말에 선물로 받았습니다. 정말 너무나 맛이 있어서 허겁지겁 먹었습니다.** 깔끔한 맛은 정말 최고입니다. 새해 요리를 기념하여 저에게 크게 만족하고 있습니다. 하치만에 13년 동안 살고 있어서 **생선의 신선함과 맛을 잊고 살았는데 지지야의 건어물 덕분에 제 기억을 떠올렸습니다.** 정말 맛있네요.
치바현 익명 희망 님

후쿠오카에 사는 친구가 매번 하룻말 린 건어물을 보내옵니다. **저는 항상 기대합니다. 시즈오카, 야마구치에 사는 친구들이 보내는 건어물과는 차원이 다르네요. 매년 즐기고 있습니다.** 이 건어물의 맛이 변하지 않도록 기도드립니다. 올해도 맛있게 먹겠습니다.
도쿄부 스카 님

한번 지인에게 받아서 먹어봤습니다. **전갱이가 너무 맛있고 아주 마음에 들어서 이번에 배송해준 친구에게도 꼭 선물할 참입니다.** 카탈로그 혹시 받을 수 있을까요?
후쿠오카현 테루모토 님

엄청 좋은 상품입니다. 기쁘게 먹겠습니다. 귀사의 번창을 기원합니다.
후쿠오카현 타케나카 님

엄청난 풍미를 자랑하는 맛이군요. 프라이팬으로 요리해도 맛있지만 폰즈로 찍

어 먹어도 맛이 좋습니다. 후리카케와 함께 오차즈케로 먹어도 좋네요. 잘 먹었습니다.
후쿠시마현 노나카 님

신선한데 싱거운 맛이 좋답니다. **포장에도 생선에 대한 애정이 느껴질 정도네요.** 미림과 아지노모토, 특별히 더 맛있었네요.
히로시마현 세토 님

과거에 여러 지방에서 '건어물'을 사봤지만, 썩 마음에 드는 제품을 찾기 어려웠습니다. 그런데 이번에 큐슈의 지인이 보내온 **귀사의 건어물은 정말 특별하게 맛이 좋군요.** 소금 맛도 적당하고, 맛이 좋아 주변에도 소개할 예정입니다. 귀사의 번창을 기원합니다.
히로시마현 이시이 님

얼마 전, 친구가 귀사의 건어물을 선물로 보내왔습니다. 처음에는 어디에나 흔한 건어물이라고 생각했는데 먹어보고 깜짝 놀랐습니다. **정말 감동 그 자체였죠.** 저는 평소에 가라쓰산, 아리아케산의 건어물만 먹었는데, 최근의 건어물이 썩 맛이 없어서 실망하던 차였습니다. **저의 본가는 해산물 가게를 했습니다. 그래서 건어물 맛이 어떤 것인지 잘 알고 있습니다. 덕분에 어릴 적 기억을 떠올릴 수 있어서 행복했습니다.**
후쿠오카현 구리하라 님

항상 딸이 저에게 건어물을 보내옵니다. 역시나 다른 회사 제품과는 차원이 다르네요. **가족 모두 모여서 맛있게 먹고 있습니다.** 앞으로도 잘 부탁드립니다.
후쿠오카현 바바 님

주식회사 ○○○의 사장님께서 선물을 보내셨습니다. 작년이지만 정말 감사히 잘 받아 맛있게 먹었습니다. **내년에도 부탁드린다고 말씀드렸어요. 맛있는 것은 역시 맛있었습니다.** 이유 같은 것은 필요가 없죠. 귀사의 발전을 언제나 기원합니다.
미야기현 카와무라 님

지인이 매번 보내주는데, 정말 맛이 좋더군요. **도쿄에서는 이런 제품 찾기가 힘들다고 말했더니 올해도 또 보내주셨더군요.** 고기 맛도 풍부해서 너무 좋습니다.
도쿄부 데즈카 님

여러분이 보내주신 감사의 편지, 정말 고맙습니다. 이렇게 여러분의 목소리에 둘러싸여 일할 수 있음에 저희 직원 모두 감사의 인사를 올립니다.
지지야 타이스케

(원문 그대로)

는 이불 가게에서 고안한 방법을 더 진화시킨 문장입니다. 단순한 흉내에 그친 것이 아니고요. 정말 대단합니다.

■ 테크닉 ⑪
다음에 팔 물건을 즉석에서 생각하라

이번에는 백중 기념상품을 주문한 고객을 위한 팔로우 DM입니다. 여기서 더욱 확신을 얻기 위한 최대의 힌트가 있습니다. 그것은 바로 '다음에 무엇을 팔 것인가?'에 대한 질문입니다. '다음에 무엇을 팔 것인가?' 이 질문을 하느냐, 안 하느냐에 따라서 매상은 달라집니다. 많은 회사가 한번 물건을 팔면 안심합니다. 하지만 그래서는 안 됩니다. 물건을 팔고 나서 바로 그다음 매출이 이어져야 합니다. 타협해서는 안 됩니다. 어쨌든 계속 나아가야 합니다. 왜냐하면 물건을 사는 사람은 계속 '살 만한 물건을 찾고 있기' 때문입니다. 그래서 사면 살수록 고객 만족도는 올라갑니다.

백중 기념상품을 팔면 보통의 회사들은 거기에서 만족하고 끝을 냅니다. 그런데 백중에 물건을 팔았으면, 또 물건을 팔아

---

9) 쇼와 : 일왕 히로히토의 재위기간인 1926년 12월 25일부터 1989년 1월 7일 까지의 시기를 말합니다. - 편집자 주.

야 합니다. 이것이 중요한 포인트입니다. '가오레인저'[10), '도레미짱[11)쇼'에 몰린 고객들에게 바로 이어서 사인회라던가 악수회 같은 표를 구매하게 하는 것과 같은 이치입니다.

물건을 파는 것에 철저하다는 것. 게다가 진심으로 물건을 팔면, 물건을 구매하는 쪽도 기분이 절로 좋아집니다. 매상을 잘 올린다는 것은 고객의 입장에서도 호평받을 일이기 때문이죠.

아무튼 아키타케 선생님, 당신은 정말 진짜 상인입니다. 이 정도로 퀄리티 높은 DM을 볼 수 있어서 오랜만에 크게 감동했습니다. 고맙습니다. 정말 진짜로 기분이 좋아지네요.

---

10) 가오레인저 : 어린이들에게 인기를 끈 전대 영웅물 〈백수전대 가오레인저〉입니다. 2001년 2월에서 2002년 2월까지 TV아사히 계열에서 방영됐습니다.
11) 도레미짱 : 어린이들에게 인기 많았던 애니메이션 〈오자마녀 도레미〉입니다. 1999년 2월에서 2003년 1월까지 TV아사히 계열에서 시리즈물이 방영됐습니다.

금단의 세일즈 카피라이팅

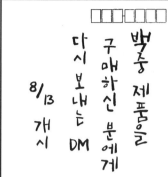

'지지야'에서 보내는 맛있는 일러스트

후쿠오카현 다가와시 이시모토 님의 작품입니다.

오늘밤, 반신욕을 하실 때
천천히 읽어주세요.

아니, 저는 지금 바로 읽어보고 싶으시다고요?
하하하, 그런 여러분에게는
매일 특별히 좋은 일이 생길 것입니다.

지지야 라이스케

모지항
지지야

키타큐슈시 모지구 시라노에 2-12-25

하 루 라 도   빨 리
무료전화 ☎ **0120-159-889**
24시간 접수 FAX **093-341-2964**

엄청 인기 있는 홈페이지는 여기 → http://www.jijiya.com/

(원문 그대로)

읽히는 DM,
쓰레기통에 직행하는 DM
DM을 재미있게 쓰는 팁

당연하게도 아무리 고객을 쥐어짠다고 한들, 아무리 돈을 들여도, 아무리 통큰 혜택(오퍼)을 내세워도 DM은 우선 '내용물을 읽지 않으면' 아무런 의미가 없습니다. 대상 고객이 적극적으로 읽고 싶어 하는 DM 문장은 이렇게 작성하면 됩니다!

● 지루한 DM은 어떤 고객도 읽지 않는다

어느 결혼식 신부복을 대여하는 가게로부터 상담받았습니다. 113페이지와 같은 DM을 보냈지만, 고객의 반응은 거의 제로에 가까웠다는 것입니다. "20대 여성들은 이런 글자만 있는 긴 DM은 읽지 않는 게 아니냐?"라고 동료 직원들로부터 피드백을 받은 모양이었습니다. DM을 설명할 때 아주 좋은 사례

결혼을 앞둔 여러분께

2000년 7월 8일
○○○○ 브라이덜
대표 ○○○○

'유카타[12] 세트' 선물 안내

안녕하세요, 더운 여름날, 이렇게 인사를 드립니다.
저희는 ○○○○ 브라이덜이라고 하며, ○○시에서 결혼식 의상을 주로 취급하는
렌탈 부티크입니다.
혼례를 앞둔 여러분께 이번에 이런 안내를 드리게 된 이유는 다음과 같습니다. 오는 8
월 5일(토)부터 13일(일)까지 '드레스 피팅회 & 헤어 메이크업 체험회'를 실시합니다.
직영 미용실 스태프가 드레스 코디 방법과 색깔로 이미지를 체인지하는 방법 등을
여러분 개개인에 맞춤형으로 진행합니다. 행사를 진행하는 동안, 꼭 예약 후 방문하
시기 바랍니다.

편지 제목 그대로 이번 ○○○○ 브라이덜에서는 이미지 캐릭터를 작성함으로써 이
름을 짓게 됐습니다. 여러분이 저희 이름을 지어주시면 감사하겠습니다. 응모하신
분 중에서 추첨을 통해 '유카타 세트'를 선물로 드립니다.
응모는 ○○○○ 브라이덜 홈페이지에서 간단하게 접수할 수 있습니다.
7월 31일 마감이니 사랑스러운 이름으로 서둘러 응모해주시기 바랍니다.
집에서, 회사에서, 친구 집에서 꼭 접속해보시기 바랍니다.
풍부한 정보를 가진 ○○○○ 브라이덜 홈페이지를 방문해주세요.
주소 http:/www. ○○○○○○○○○○

이상이 이번에 편지를 드린 취지입니다. 정말 갑작스럽게 편지를 드려 죄송합니다.
여러분의 신청을 기다리고 있겠습니다.
감사합니다.

추신
7월 24일 발매 〈젝시 9월호〉에 특집으로 게재 예정이므로, 꼭 봐주세요.

---

12) 유카타(ゆかた) : 기모노의 일종으로, 평상복으로 사용하는 간편한 옷입니다.
목욕 후나 여름에 입습니다. - 편집자 주.

이기 때문에 조금 가혹하다고 여길지 모르겠지만, 적극적으로 대답을 진행해보겠습니다. 그렇다면 왜 이 DM은 반응이 없었던 것일까요?

어떠신가요? 문장이 길어서 반응이 없었던 게 아닙니다. 내용이 너무 지루해서 고객의 반응이 없었던 것이죠.

이 DM이 무엇을 말하고 있는지 다시 살펴보겠습니다.

"드레스 피팅회 & 헤어 메이크업 체험회를 실시합니다."
→ (고객의 반응)
"어? 그래? 근데 왜 성가실 정도로 DM이 오는데, 왜 그 회사로 꼭 결정해야 하는 거지? 어느 회사를 선택해도 피팅은 무료가 당연한 것 아닌가요?"

"이미지 캐릭터를 작성함으로써 이름을 짓게 됐습니다. 여러분이 저희 이름을 지어주시면 감사하겠습니다. 응모하신 분 중에서 추첨을 통해 '유카타 세트'를 선물로 드립니다."
→ (고객의 반응)
"결혼식 준비로 바빠죽겠는데, 왜 당신 회사 캐릭터 이름까지 생각해줘야 하나요? 단지 유카타 세트를 선물로 받을 수 있어서? 그런 것 별로 필요하지 않은데 말이죠. 어차피 응모해도 당첨될 것 같지도 않고요."

"추신 7월 24일 발매 〈젝시 9월호〉에 특집으로 게재 예정이므로, 꼭 봐주세요."
  → (고객의 반응)
"왜 굳이, 일부러 당신 회사의 광고를 보기 위해 잡지를 사야만 하는 거죠?"

요약하자면, 고객은 이 DM을 읽을 장점이 하나도 없습니다. 단순히 문장이 길고, 글자만 있어서 20대 여성의 반응률이 떨어지는 게 아닙니다. 20대 여성이 좋아할 만한 문장이 아니기 때문에 읽어주지 않는 것이죠.

'드레스 피팅회 & 헤어 메이크업 체험회'라고 알리는 것보다는 "'브랜드 드레스를 입고 싶다! 하지만 가격은 싸게요'라고 말하는 당신이 눈이 번쩍 뜨일 안내입니다", 아니면, "어떤 드레스를 입어야 할지 고민인 당신에게 웨딩드레스라면 우리 지역 NO.1 매장에서 인기 신상품인 드레스를 마음껏 피팅해보실 수 있습니다"라고 표현하는 게 좋습니다. 즉, 문장의 표현법을 20대 여성의 언어 그대로의 패턴으로 동일시해서 표현하는 게 중요합니다. 그게 안 되면 당연히 매상이 오르지 않습니다.

그렇다면 도대체 어떻게 해야 고객의 언어 패턴을 익혀서 사용할 수 있을까요? 제일 좋은 방법은 대상 고객이 주로 읽는 잡지를 찾아보고 읽어보는 것입니다. 저의 경우, 이발소나 공항 대기실에서 이런 잡지를 주로 읽습니다. 〈여성 세븐〉, 〈여성 자신〉, 〈주간여성〉 등을 말이죠. 저의 생활과는 별 관련이 없다고 생각하면서도 재미있게 읽고 있습니다. 이런 잡지를 들여다보면 여성의 내면 욕구를 잘 파악할 수 있기 때문이죠.

특히 표지의 표현법을 자세히 들여다보며 연구합니다. 표지에 쓰인 사진을 말이죠. 표지에 쓰인 표현이나 사진은 중요합니다. 이런 잡지를 편집할 때, 표지 제목이나 사진은 잡지의 발행 부수에 직접적인 영향을 미칩니다. 표지에서 잡지의 운명이 진검승부가 난다고 해도 과언이 아닙니다. 잡지는 표지를 통해 여성의 마음을 움직입니다. 그러니 참고할 수밖에요.

상대를 잘 알고, 상대가 흥미를 끌 만한 문장을 쓰는 것이 DM 문장술의 기본입니다.

● DM은 긴 게 좋을까? 아니면 짧은 게 좋을까?

"긴 DM은 지루해서 고객들이 안 읽는 게 아닌가요?" 이런 의견이 종종 있습니다. 물론 반응을 얻으려면 DM의 문장은 짧은

<u>게 좋습니다</u>. 그런 편이 종이값도 절약하고, 발송비도 줄일 수 있기 때문이죠. 사진을 보여주는 것만으로 고객을 당길 수 있는 상품이 있다면, 굳이 종이 형식의 DM을 발송할 필요가 없습니다. 그냥 사진만 보여주면 되니까요.

예를 들어, "후지와라 노리카(藤原紀香)가 ○○(연속 드라마)에서 입은 웨딩드레스입니다. 여러분도 피팅해보실래요?"라고 직감적으로 알기 쉬운 상품을 갖고 있다면 그것으로 충분합니다. 더 이상의 고생을 할 필요가 없죠.

하지만 많은 회사와 매장들이 상품만으로는 라이벌과 차별화가 되지 않습니다. 그런 상황에서 고객을 매장으로 끌어들이려면 충분한 별도의 설명이 필요합니다. 그런데 이 대여복 회사 DM의 경우, 다음의 항목을 신경 쓰면서 알기 쉽게 고객에게 전달할 필요가 있습니다.

① 왜 여러 곳에서 판매가 되는데, 굳이 당신 회사의 DM을 읽을 필요가 있는가?

② 왜 라이벌 매장이 많은데, 당신의 매장에 방문하지 않으면 안 되는가?

③ 호텔 의상실에 가면 해결될 텐데, 굳이 왜 고객이 당신 매장에 가야만 하는 것인가?

④ 나중에 방문해도 되는데, 굳이 왜 '지금 당장'이라고 해

야 하는가?

⑤ 매장을 방문하면 어떤 이점이 있는가? 매장을 방문하지
  않으면 어떤 단점이 있는가?

이와 같은 '고객의 질문'에 대해 납득할 수 있을 정도의 대답
을 준비해야 합니다. 그러므로 1페이지 정도의 짧은 DM으로
는 고객을 설득할 수 없는 거죠. 여러분 매장의 매력을 고객의
입장에서 전달해야 하기 때문입니다. 자, 그렇다면 여러분 매
장의 매력이란 도대체 무엇인가요?

- 상품이 현(県) 내에서 가장 많아서 한번 방문하면 반드시 나한테 맞는
  드레스를 찾을 수 있는가?
- 역에서 가까워 직장에서 일을 끝내고 들릴 수 있는가?
- 하청을 주지 않기 때문에 옷의 마무리가 좋고 가격이 싼가?
- 대여점을 세 군데 돌고 "이게 좋아"라고 찾은 의상을 말하면, 그 상품을
  저렴하게 구할 수 있는가?
- 보통의 의상 대여복 가격으로 크리스찬 디올의 브랜드 드레스를 입을
  수 있는가?
- 여배우가 입었던 드레스를 입을 수 있는가?
- 신상 드레스라고 잡지에 실린 드레스의 실물을 볼 수 있는가?

이처럼 고객이 생각하고 있는 것들을 상대의 입장에서 계속 깊게 파고들어야 합니다. 이 정도의 노력도 하지 않고 표면적인 문장만으로 매출이 발생한다고 생각하면 세상을 너무 쉽게 사는 거겠죠.

"파고들어야 한다고 하는데, 어떻게 해야 할지 모르겠어요" 이렇게 말하는 분들은 120페이지부터 시작하는 '오월인형' DM[13)]에 여러분 회사의 상품을 대입해보시기 바랍니다. 이 DM은 흔히 말하는 '소비선택판단'을 가르치는 내용입니다. 이 DM의 '인형'이라고 하는 부분을 '드레스'로 바꿔보시기 바랍니다. 대단히 번쩍 트이는 DM은 아니지만, 이 DM을 조금 바꿔보는 노력만으로도 여러분 회사의 매력을 끌어올리는 것이 가능해집니다.

또한, DM 속에는 세일즈 레터 말고도 고객의 소리, 방문 시 부여되는 쿠폰(아니면 자료 청구자 한정, ○○ 초대권), 색깔 있는 리플렛(카탈로그), 지금까지 여러분의 회사가 소개된 신문기사, 잡지 기사 등이 있다면 잊지 않고 동봉하는 것이 좋습니다.

---

13) '오월인형' DM : 실제 물품은 가로로 쓴 것입니다. 여기서는 레이아웃보다 문장의 내용을 중점적으로 보고 천천히 읽어주세요.

오월인형[14]은 어디서 구매해도 똑같다! 저도 예전에는 그렇게 생각했습니다만, 매장 직원이 알려준 사실은 말이죠~

"뭐야, 또 오월인형 DM이야?"

오월인형을 슬슬 준비해야 하는 계절이 찾아왔습니다.
하지만 DM을 본 순간,
'어떤 매장이나 다 똑같지 뭐.'
'다른 것은 가격이랑 회사 이름뿐이겠지.'
이렇게 생각하는 것은 여러분만 그런 것이 아니겠죠.

사실 성인 중, ○명의 사람들은 인형은 어디에서 구매하든 다 똑같이 여긴다고 합니다. 그 결과, 인형을 사가지고 와서는 "○○하지 않았으면 좋았을걸", "이건 ○○이 잖아~", "지금 바로 환불 안 되나?" 하고 대단히 후회한다고 하죠!
한편, "○○! 매년, ○○○○!"이라고 하면서 기뻐하는 가족도 있습니다.

인형을 구매해서 손해를 보는 사람, 인형을 구매해서 이득을 보는 사람.

그 운명의 갈림길은 실은 단순한 차이에 있습니다.
먼저 어떤 이야기인지 들어보실까요?

저는 (회사명)의 대표를 맡고 있습니다. ○○○○이라고 합니다. 처음 뵙겠습니다.

쇼와 ○월 ○일. 저의 첫째 딸이 태어났을 때의 일입니다. 저는 기쁨에 가득 차 있었습니다. 선물로 회전목마를 구매하러 길을 나섰습니다. 천장에 붙이는 모빌 같은 장난감이었습니다. 단순한 장난감을 사러 가는 길이었지만, '한정된 예산 안에서 되도록 좋은 물건을 첫째 딸에게 선물하고 싶다'라는 마음이 컸습니다. 여러 번, 또 여러 번 장난감 매장을 찾아갔습니다.

어느 매장에 도착해 "천장에 붙이는 회전목마를 보여주세요"라고 말했습니다. 그러자 생각지도 못한 대답이 돌아오더군요.

"천장에 붙이는 회전목마는 아기 머리 위로 먼지가 떨어지기 때문에 별로 좋지 않아요. 펫 회전목마의 상품이 아기에게는 훨씬 더 좋습니다."

---

14) 오월인형 : 생후 처음 맞는 5월 5일에 아이의 건강한 성장과 출세를 기원하는 의미로 남자아이에게 선물하는 인형입니다. - 편집자 주.

이렇게 대답을 한 직원은 가격이 싼 제품을 권했습니다. 보통의 장난감 가게 직원들은 매상을 올리기 위해 가격이 비싼 제품을 권합니다. 하지만 그 매장은 고객의 입장에서 가격이 저렴한 제품을 권하더군요. 게다가 그 회전목마는 정말 좋은 제품이었습니다. 세상에 저의 셋째 딸까지 사용할 정도였으니까요.

이 일이 제가 장난감 가게를 시작하게 된 계기입니다.

"오래 쓸 상품은 어떻게 골라야 할까?"
"고객의 입장에서 어떻게 생각해야 할까?"
자기 입장보다 먼저 고객의 입장을 생각하는 것. 그것을 몸에 익혀 저희 직원들에게도 교육시키고 있습니다.

고객님들의 성원에 힘입어 창업 ○년. 제로에서 시작한 사업이었지만, 지금은 ○○현에서 제일 잘나가는 장난감 매장입니다. 10명 중에 ○명은 저희 매장을 이용하는 고객들입니다.

인형으로 제일가는 매장이 됐지만, 아쉽게도 저희는 대형 광고를 진행하지 않기 때문에 단순한 장난감 가게 정도로만 인식하고 계십니다. 많은 고객들이 (회사명)을 잘 모른 채로 인형을 구매하고 계십니다.

그래서 여러분들에게 부탁의 말씀을 드리고자 합니다.

인형을 구매해서 이득을 보는 사람, 그리고 손해를 보는 사람. 그 차이는 적어도 매장을 세 군데 돌아보고 결정하는 일에 있습니다. 다 똑같은 인형처럼 보이지만, 프로의 눈으로 보면 상당한 차이가 눈에 보입니다. 눈에 잘 띄지 않는 ○○이나, ○○부분까지 저희는 신경을 쓰고 있습니다. 인형의 좋고 나쁨을 판별하려면 이렇게 몇 가지 체크 포인트가 있습니다. 그 포인트는 매장을 세 군데 정도 돌다 보면 자연스레 알게 됩니다.

저희 매장에서 인형을 사주시면 정말 고마운 일입니다. 하지만 그것을 부탁드리려는 게 아닙니다. 그것은 어디까지나 고객들의 판단이니까요. 부탁드리고자 하는 것은 정말 간단한 일입니다. 둘러보는 세 군데 매장 중에서 (회사명)을 추가해주셨으면 하는 것입니다.

세 군데 중에서 (회사명)을 추가해주시는 이점에서 일부를 소개하면 다음과 같습니다.

이점 1 (매장을 방문하는 이점)
이점 2 (매장을 방문하는 이점)
이점 3 (매장을 방문하는 이점)
이점 4 (매장을 방문하는 이점)
이점 5 (매장을 방문하는 이점)
이점 6 (매장을 방문하는 이점)
이점 7 (매장을 방문하는 이점)

이상은 극히 일부의 서비스의 예일 뿐입니다. 매장을 방문하시면 좀 더 많은 특전을 소개해드릴 수 있습니다.

여러분이 부디 저희 매장을 방문해주시기를 바라며 ○○○전의 초대장을 동봉합니다. 초대장의 뒷면에 기재해 담당하는 ○○에게 회신을 부탁드립니다. 선착순 ○명의 고객에게 ○○을 보내드리겠습니다.

잊지 않도록 초대장은 여러분 지갑에 바로 보관 부탁드립니다. 그리고 부디 이른 시일 내에 (회사명)에 방문 부탁드립니다. 만나 뵙게 될 날을 기쁘게 기다리고 있겠습니다.

추신 : 인형은 고가의 상품입니다. 자녀분에게는 일생에 한 번뿐인 선물이기도 합니다. 신중한 선택을 위해서도 부디 (회사명)을 비교 검토하는 후보 매장 하나로 등록해주시기 바랍니다.

03 DM으로 반응을 얻어내는 '필살'의 공식(문구)
당신이 보낸 DM이 '무시할 수 없는 것'이 되려면?

고객이 DM에 '착 들러붙기' 위한 카피라이팅 테크닉을 소개합니다. 물론 여기에서 소개하는 필살 문구는 DM에만 통용되는 것이 아닌, 전단지나 각종 인터넷 마케팅에도 활용할 수 있는 효과 만점 기술입니다. 많은 회사가 실적을 올린 필살기를 지금 배워봅시다.

● 무차별 DM으로 10%의 반응을 얻는 이유

자, 다시 대단한 DM을 소개해볼까 합니다. 이 DM은 리폼 회사의 것으로, 반응률이 무려 10.6%나 있었던 DM입니다. 이 반응률은 우리 회사 고객 리스트 중에서도 대단한 숫자입니다. 그런데 말입니다. 이 사례는 고객 대상으로 보내진 것이 아닌, SNS 포스팅입니다. 그러니까 '전혀 제품을 모르는 고객'을 향해 보내진 편지라는 거죠!

리폼 회사가 보내는 전단지의 일반적인 반응률은 대체로 3,000~5,000장을 보냈을 때 1건 정도입니다. 그렇다는 것은 백분율로 따지면, 0.02~0.03% 정도입니다. 이 수치가 무려 10%에 육박하는 것이라니, 정말 대단하지 않습니까? 이후 구매 요청 전화를 걸지 않아 몰랐던 것 같은데, 개봉률은 9% 정도입니다(125페이지 봉투).

"아니, 이것은 그 동네 분위기 때문에 그렇게 된 거야"라고 말해버리는 것은 그냥 쉽습니다. 그런데 문제는 왜 이런 이상한 반응률이 나타나느냐입니다. 어떻게 생각하세요? 대체 이 DM의 어느 부분이 포인트일까요?

먼저 오퍼[15]가 명확합니다. '〈ㅇ온천 외래 입욕권〉을 무료로 증정!', 이 오퍼에 가치가 없다고 생각한다면 문제겠지만, 봉투의 개봉률을 높이는 측면에서 바라본다면, 현지에서는 가치가 느껴지는 것이라고 여겨집니다.

오퍼를 만들 때, 무엇이든 무료로 만들면 된다고 생각하면 오산입니다. 고객이 가치가 있다고 느끼는 것이 무료가 됐을 때

---

15) 오퍼 : '주문'이라는 뜻이지만, 여기서는 마케팅 용어로 '특전', 또는 '공짜'의 의미가 큽니다.

고객은 감동하고 놀랍니다. 하지만 가치가 없다고 느끼는 것을 아무리 무료로 제공한다고 한들 고객은 반응하지 않습니다. '어차피 별것 아니겠지' 하고 느끼기 때문이죠.

여기서 이 회사는 고객이 가치를 느낄 만한 것을 오퍼한 것인데, 이게 크게 적중한 것입니다. 다음의 서브 타이틀(작은 제목)도 대단한 글쓰기인데 한번 보시죠.

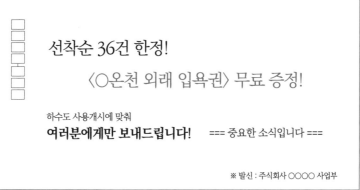

선착순 36건 한정!
〈○온천 외래 입욕권〉 무료 증정!

하수도 사용개시에 맞춰
여러분에게만 보내드립니다!   === 중요한 소식입니다 ===

※ 발신 : 주식회사 ○○○○ 사업부

(원문 그대로)

〈선착순 36건 한정!〉 ○온천 외래 입욕권 무료 증정!

주식회사 ○○○ ◇◇◇ 사업부에서 전달하는 소식입니다.

하수도의 공용개시에 맞춰 ○○시에서 〈우대제도〉가 있습니다.
여러 우대제도를 제대로 알고 이용해봅시다.

대한의 추위가 엄습하는 가운데, 여러분 모두 건승하시길 기원합니다. 갑자기 이런 편지를 보내드리게 된 점, 깊이 양해 부탁드립니다.

이번 우리 시에서는 '○○시 하수도 사업'이 본격적으로 시행됩니다. 그에 따라 우리 읍에서도 오는 4월 1일부터 하수도의 공용이 개시됩니다. 하지만 실제로 하수도를 사용하기 위해서는 여러분의 땅에 설치된 공용 배관에 건물의 하수도(욕조, 변기, 싱크대, 세면대)를 연결하는 공사(당사에서는 이를 '건물 배관'이라고 부릅니다)를 해야만 합니다.

"공사 중에는 변기 사용을 못 하나요?", "욕실은 쓸 수 없나요?", "공사비는 어느 정도 소요되나요?", "보조금이 나온다는 게 정말인가요?", "욕실이나 싱크대를 새로 하고 싶은데?", "화장실을 한 개 더 늘리고 싶은데요", "시기적으로 안 맞는 건 피하고 싶은데" 등 고민이 많으실 것으로 예상합니다.

◇ 유익한 융자제도

○○ 시민이라면 다음의 제도를 이용하실 수 있습니다.

'하수도 배수 설비 공사 자금 융자 및 이자 보급 제도'가 그것입니다.

시청 하수도과 또는 취급 금융기관에 문의하시면 자세한 설명을 들으실 수 있습니다. 우선 일부를 먼저 소개해드리면, 대상이 되는 공사는 배수 설비의 신설공사, 화장실의 수세식 공사, 가건물의 정화조 녹 방지 공사 등이 있습니다. 대출금액의 상한선은 100만 엔입니다. 이 융자는 무담보로 진행됩니다. 또한, 융자 보증료를 포함한 금리가 4.7%(헤이세이[16] 12년 1월 20일 현재 기준)로, 공용 개시 후 1년 이내에 융자받으면 3.5%의 이자 지원을 ○○로부터 받을 수 있습니다.

이는 무려 1.2%의 최저금리로 100만 엔의 융자를 받을 수 있다는 의미입니다.

'이참에 화장실을 편리하게', '부엌을 새롭게', '2층에도 화장실을' 이렇게 생각하면서 이 기회를 놓치지는 마세요. 쾌적한 생활공간을 만들기 위해 이번에 잘 꾸며보는 것은 어떨까요?

◇ 우대제도를 받을 수 있는 금융기관은 어디?

취급하고 있는 금융기관은 별지의 참고자료와 같습니다. 각 금융기관은 여러분의 소중한 재산을 보관하고 있습니다. 금융기관마다 유익한 '금융상품이나 우대제도'가 있으니 참고 바랍니다. 이 기회에 '생활의 꿈'을 현실로 그려보는 것도 좋습니다. 참고로 저희가 알아본 정보를 공유합니다. 금융기관에 따라서는 여러분이 이용하고 있는 빈도에 따라 특전도 활용하실 수 있습니다. 부디 확인하시고 문의 부탁드립니다.

---

16) 헤이세이 : 일왕 아키히토의 재위기간인 1989년 1월 8일부터 2019년 4월 30일까지의 시기를 말합니다. - 편집자 주.

금단의 세일즈 카피라이팅

◇ 공사 비용

여러분은 '공사 비용'을 걱정하고 계시죠? 하지만 일률적으로 말씀드리기는 어렵다는 것이 사실입니다. 구체적으로 당사의 과거 실적을 조사한 결과, 건물 안에 배관이 있는 금액으로 지금까지 가장 싸게 한 경우는 약 60만 엔이었습니다. 또한, 가장 많은 공사금액을 지출한 경우는 약 80~150만 엔 정도였습니다. 그런데 공사 설치장소와 욕실, 화장실, 부엌 등 위치적 관계와 배수계획의 높이 설정에 따라 공사비용은 꽤 벌어집니다. 견적에는 '현 상황의 사전답사와 실측'을 꼭 포함시킵니다. 확실한 조사를 하는 것이 중요하기 때문입니다.

◇ 공사업자에 따라 상당한 차이가 발생하는가?

한 집마다 하수도 계획 확인(정식으로는 '배수설비 신설계획 확인 증명서'라고 합니다)을 신청할 경우, '견적서', '평면도(위치의 계획)', '종단면도(높이의 계획)', '현장 사진'을 ○○시 하수도과에 제출해 조사받습니다. 조사에 합격하지 않으면 공사는 진행되지 않습니다. 따라서 업체 간 견적에는 큰 차이가 없을 거라 예상합니다.

◇ 자격을 가진 직원이 공사를 관리

당사에서는 1, 2급의 건축사, 시공관리사 등의 공적 자격을 가진 사람, 또는 개인의 경험이 출중해 독자적인 사내 자격을 갖춘 자가 책임을 지고 공사 관리를 일임하고 있습니다. 협의 시에는 여러분의 '생활'에 관련된 문제들을 저희에게 말씀 부탁드립니다.

◇ 특별 안내, 선착순 36건 한정! 〈○온천 외래 입욕권〉을 무료 증정!

이번 안내로 '건물 배관공사'를 신청하는 분들에게만 '○온천, 외래 입욕권'을 선착순 36건의 가족에게 무료로 증정드립니다. 가족 모두 온천수의 기분을 즐기시길 바랍니다. 또한, 이 입욕권은 ○온천의 료칸 '○○관'과 '온천여관○○'에서 이용하실 수 있습니다.

◇ '건물 배관공사'의 신청서, 견적 문의는 엽서, FAX, 전화로!

여기까지 읽어주셨다면 '한번 상담받아볼까?'라는 기분이 드셨을 것입니다. 지금 바로 동봉한 엽서(상담카드), 또는 FAX, 그리고 전화로 '건물 배관공사 견적'을 문의 바랍니다. 하수도의 공용 개시가 시작되면 문의전화가 붐빌 것으로 예상됩니다.
부디 빠른 상담 부탁드립니다.

○○ 사원 일동은 여러분의 신청을 기다리고 있습니다.
감사합니다.

주식회사 ○○○ ◇◇◇ 사업부
사업본부장 ○○○○

연락처 :	전화 :	FAX :

㈜ ○○○ ◇◇◇ 사업부 ○○○○에 상담 부탁드립니다.

(원문 그대로)

"하수도의 공용개시에 맞춰 ○○시에서 〈우대제도〉가 있습니다."

이 단 한 문장을 보세요.

저도 최근에 이런 표현을 잘 쓰고는 있습니다만, '여러분이 ○○이라면, △△에 우대받을 수 있는 권리가 있다는 것을 알고 계셨나요?'라고 쓰는 필살의 공식인데, 여러분도 잘 배워두면 좋습니다.

독자가 ○○에 집착할 때, 이 광고를 무시할 수 없음은 당연합니다. 그게 인간의 심리이니까요. 예를 들어 여러분이 ○○시 시민이라면, '하수도의 공용개시에 맞춰 시에서 우대제도가 시행되고 있다는 것을 알고 계셨나요?'라고 했을 때, 당연히 '음? 어떤 우대제도가 있다는 거지?'라는 반응이 튀어나올 것입니다.

제목의 목적은 독자에게 '이 광고를 읽으면 이득이 생긴다는 것을 전달하는 것'입니다. 좀 더 자세히 말하면, '이 문장을 계속 읽어내려가면 이득이 있다는 것을 전달하는 것'입니다. 제목에 알 수 없는 이미지 표현이나 회사의 광고만 나열한 것은 실패할 가능성이 큽니다.

● '타이밍이 맞다'라는 것은 어떤 의미일까?

이런 DM은 타이밍이 잘 맞으면 10배뿐만 아니라, 한 번에 20배, 50배의 효과를 거둡니다. 이는 어찌 보면 당연한 일입니다. '타이밍이 맞다'라는 것은 고객이 메뚜기처럼 일제히 확 하고 똑같은 행동을 취하는 것을 말합니다. 그만큼 '다급한 필요성'이 있다는 뜻입니다. 그 다급한 필요성이 생기는 타이밍을 잡으면 팔 수 있습니다. 그것도 몇 배로 넘게 말이죠.

얼마 전에 진행한 세미나에서 이 '다급한 필요성'에 대해 말씀을 드렸습니다. 세미나의 휴식시간이 되자, 참가자들이 일제히 화장실로 뛰어갔습니다. 그러자 화장실에서 모두 만나게 됐고 서로의 얼굴을 쳐다볼 수 있었죠. 그때 한 참가자가 조용히 말하더군요. "아, 이게 바로 다급한 필요성이군요"

그렇습니다. 다급한 필요성이 있으면 고객은 일제히 움직입니다. 그 타이밍을 잘 잡으면 전단지, DM의 반응은 급격하게 상승합니다.

이 타이밍에 관한 이야기는 상당히 깊은 이야기이기 때문에 여러분의 회사에 어떻게 적용할지 잘 생각해보시기 바랍니다. 저도 최근 느끼는 것이지만, 성공한 사람은 이 타이밍을 잡는 데 상당히 능한 사람들입니다.

04 '단 8시간 만에 10억 엔'을 버는 기법

DM 하나로 업계 판도를 바꿀 수 있다?

· ·

부동산 투자가로 수많은 베스트셀러 책을 내고 있는 우라타 켄(浦田健) 씨의 젊은 시절의 실천 사례를 소개합니다. 건축이나 맨션 경영이라는 분야가 아직 지금처럼 주목받는 메이저 업계가 아니었을 때(대략 10년 전), DM의 성공을 최대로 끌어올려 여러 가지 놀라운 성과를 낸 사람이 바로 우라타 켄 씨입니다.

● '뒤처지는 업계'가 오히려 강하다!

"큰일났습니다! 단 8시간 만에 10억 엔의 상담 실적을 올리고 말았습니다!"

맨션 건축업자인 우라타 씨의 '사장님 아카데미상' 후보 작품입니다. 이것은 정말 대단했습니다. 얼른 펜을 들고 읽고 싶을 정도였습니다.

〈사장님 아카데미상 노미네이트〉

간다 마사노리 선생님! 드디어 베리 본즈(Barry Bonds) 수준의 초초~ 대박 홈런을 날렸습니다!

큰일 났습니대 단 8시간 만에 10억 엔의 상담 실적을 올리고 말았습니대

실천회에 가입한 지 벌써 1년 지나고 8개월. 드디어 벚꽃이 피었습니다.

솔직히 매월 뉴스레터에 등장하는 선배 회원들의 빛나는 실천 결과에 중압감을 느끼고 있었던 차였습니다. '언젠가 나도 꼭!' 이런 마음으로 밤낮으로 실천을 거듭 해왔습니다. 그리고 결국 가슴을 당당히 펼 수 있는 결과를 얻었기에 이렇게 보고 를 드립니다.

제가 있는 업계는 바닥 경기를 헤매고 있다고 불리는 '제네콘'입니다.

연말에는 아오키 건설이 망했고, 2월에는 창업 130년이 된 제네콘 사토우공업 이 붕괴됐습니다. 당사와 거래하는 하청업체도 몇 개사가 부도를 맞았습니다. 울 며 겨자 먹기로 야반도주를 감행한다는 사장님도 있었습니다.

다행히 당사는 불량 채권이라고 하는 거품이 없었기 때문에 수주가 감소해도 버티고 있습니다. 오랜 세월 동고동락한 직원들이 대형 제네콘과 함께 쓰러져 가 는 것을 지켜보는 것은 상당히 가슴 아픈 일이었습니다.

저희들 제네콘은 하청 업체에 근무하는 직원들의 생명도 책임지고 있다는 사실 을 알고 있습니다.

하지만 이 업계는 현재 완전한 성숙기에 있습니다. 적은 수주 기회에 수십만 개 의 건설업자들이 몰려듭니다. 당연히 경쟁은 치열해, 수주를 한다고 해도 '간에 기 별도 안 가는' 상황입니다. 일반적으로 제네콘이 무너지면 경쟁상대가 적어진다고 인식하고 있지만, 사실은 그 반대로 퇴사한 사람들이 회사를 각기 차리면서 경쟁 은 더 치열해진다고 볼 수 있습니다.

따라서 대형 제네콘이 무너지면 저희는 확실히 곤란해집니다. 출입하는 업자들 은 망하고, 그들의 자녀들은 채무에 시달립니다. 현장의 공기를 맞추는 것도 힘들 어집니다. 게다가 경쟁상대도 늘게 되겠죠. 좋은 것이 하나도 없습니다.

이번에 실천 결과를 공표하는 것으로 조금이라도 제네콘의 도산을 막을 수 있 기를 바랍니다.

(원문 그대로)

예전에 만났을 때도 우라타 씨는 보통 사람이 아니라고 여겼습니다. 이런 제네콘이 존재하는 한, 일본은 살아남을 수 있습니다.

자, 이 사례에서 알 수 있듯이 (마케팅) 의식이 없는 시장에 마케팅 발상을 불어넣으면 큰 부자가 될 수 있습니다. 그만큼 간단한 일입니다. 즉, 뒤처지는 업계는 (비즈니스의) 절호의 기회가 될 수 있습니다.

뒤처지는 업계를 구분하는 방법은 쉽습니다. 우선 전화번호부를 펼치면 아무것도 물어보고 싶지 않은 작은 회사들이 수없이 나열되어 있습니다. 1페이지 전면 광고를 내는 회사도 별로 없죠. 광고의 내용을 살펴보면, 취급상품, 서비스와 전화번호밖에 쓰여 있지 않습니다. 가격은 견적을 기본으로, 명시된 가격이나 패키지 가격이 없습니다.

또한, 메일을 보내도 아무런 답변이 돌아오지 않습니다. 매장을 보면, 흥이 넘치는 부부가 흥이 넘치게 경영하고 있고요. 이런 상황을 발견한다면, 이 업계는 상당히 기회가 있는 업계라는 것을 알 수 있습니다.

예를 들어, 수년 전만 해도 리폼 업계, 도장 업계, 장례 업계가 이런 분위기였습니다. 이런 업계에 '다이렉트 마케팅'이라는 발상을 불어넣어 명시된 가격을 넣고, 카탈로그로 소비자를

금단의 세일즈 카피라이팅

교육했더니 놀라울 정도로 크게 성장했습니다.

제네콘 업계를 생각하면, 소비자가 너무나 교육되지 않았다는 것을 알 수 있습니다. 임대 맨션 경영이라는 것을 절세 대책 정도로만 여기는 오너들에게 마구잡이로 물건을 팔기만 했을 테니까요.

사실 저는 제네콘 사람들을 만날 때마다 "불황업종의 대표 제네콘이라서…"라는 인사를 자주 들었습니다. 불황업종의 대표라고 하는 사실이 업계의 자랑인 것처럼 들리더군요. 저는 그런 말을 들을 때마다 이렇게 생각합니다. '아, 이 업계를 변화시킬 인물이 안 나타나는 것인가요?' 교육되지 않은 불모지에 정보를 들여놓으면, 폭발적으로 그 업계가 성장할 것을 저는 알고 있었기 때문입니다. 그런 상황에서 아주 좋은 타이밍에 우라타 씨가 나타난 것이었죠.

● 말은 사회를 변화시킨다! (DM일지라도)

우라타 씨는 그의 문장을 읽은 것만으로도 '뭐랄까, 이 사람은 범상치 않은 인물이로군!', '상당히 신뢰할 수 있는 사람이겠는걸?' 이런 인상을 심어준 사람이었습니다. 그러니 '작은 광고', '카탈로그', '뉴스레터'를 발행하는 실천회 메소드의 정석을 이행하면, 엄청나게 발전하게 되어 있습니다. 이 실천회의 정석 패턴에 가세해, 인터넷으로 메일 매거진[17)]을 발행하면서 인터넷 노하우도 실행하고 있습니다. 그 결과는 엄청난 결과로 또 이어지고 있습니다(135~136페이지 참고).

10억 엔의 계약을 획득하게 된 계기는 무엇이었을까요? 바로 세미나의 개최였습니다. 이 세미나의 개최로, 지금까지는 이곳 저곳 팔러 다니며 할당량에 쫓겨야 했던 매상을, 고객이 직접 세미나에 참석하면서 그 참가 인원의 일정 비율로 매상이 일어나는 것을 예측할 수 있도록 바뀌었습니다.

우라타 씨의 작품은 '맨션 경영자는 메일 같은 것을 읽지도 않는다'라는 통상적인 상식을 부수는 사례입니다. 이것은 여러분께 드리는 대단한 힌트입니다. 맨션 건설이라는 것은 전국을 상대로 할 수 없는 사업이라고 그동안 여겨져 왔습니다. 그런데 지주들이 스스로 인터넷으로 정보를 취합해, 맨션의 건설을 궁리하는 시대가 되어버린 것이죠.

DM도 상당히 잘 만들어져 있습니다. 100점이 아닌, 만점입니다(137~138페이지 참고).

---

17) 메일 매거진 : 물론 메일 매거진도 세일즈 라이팅의 포인트는 이 책에 쓰인 내용과 같습니다.

■ 메일 매거진 '실패하지 않는 맨션 경영의 비법' ■□■
□■~아빠맨 경영자를 위한 실천 뉴스소스~　　　　■□
■□■ 2001/12/2 임시호　　　　　　　　■
'아파트·맨션 경영을 성공시키는 모임' 주최, 세미나 개최 최종 공지!!
□□□□임대아파트 경영 세미나 2001
□□□□□~현금흐름을 확실하게 창출하는 방법!~

◆ ＿＿＿＿＿＿ 이번 세미나가 14일 앞으로 다가왔습니다. ＿＿＿＿ ◆
이 메일은 중요합니다.

왜냐하면 저희가 업무가 많아져서 앞으로 이런 세미나를 개최할 예정이 없기 때문입니다. 이미 지난번 개최 공지 후, 다수의 참가 예약을 받았는데 놀랍게도 히로시마에서 참가하고 싶다는 분들도 계셨습니다. 그래서 강의 시간 연장과 강의내용을 추가하려고 합니다. 이 불황의 시대를 극복하기 위한 임대 경영 노하우를 남김없이 전해드리겠습니다. 정보의 공유를 절대로 아까워하지 않겠습니다.

추가 강의의 구체적 내용은 다음과 같습니다.
/// 지금 당장 내가 할 수 있는 사업성 진단서 만드는 방법과 판정 방법 해설///

이는 맨션 사업을 검토할 때, 목적하는 바에 숫자를 넣는 것만으로 쉽게 스스로 사업성을 판정하는 방법을 해설합니다. 또한, 이번에 참여하시는 분들 한정으로 사업진단 프로그램이 들어간 FD와 당일 강의를 수록한 세미나 비디오를 무료로 증정합니다. 몇 번이나 말씀드리지만, 다음 개최 예정은 없고, 이번만 진행합니다. 그러면 당일 강의 내용을 다시 소개해드리겠습니다.

그전에 작년에 수강하신 분들의 반응 중 일부를 들어주세요.

· 공동주택 맨션을 경영하는 데 있어서, 굉장히 도움(경영이나 상속 등)이 됐습니다. 다음에도 꼭 시간을 들여 경영자에게 이익이 되는 이야기를 부탁드립니다. (에도가와구 M님)
· 매우 참고가 됐습니다. 고마웠습니다. 정기적으로 개최해주세요. (이치카와시 세무사 A님)
· 알기 쉬웠습니다. 세미나 내용을 듣고 하우스 메이커의 세미나처럼 신뢰할 수 있는 내용이었어요. 많은 도움이 됐기 때문에 다음에도 꼭 참석합니다. (에도가와구 M님)
· 잘 정리되어 있어 알기 쉬웠습니다. 맨션을 짓는 것은 경영한다는 것이네요. 그러므로 사업 수지를 근거로 한 경영 감각을 가지는 것이 중요할 것 같습니다. 토지의 색상 구분 등 포인트를 알 수 있어서 정말 다행이라고 생각합니다. 감사합니다. 다음에도 꼭 참가하도록 하겠습니다. (요코하마시 O님)

작년에는 상속대책부터 임대아파트 경영주들에게 수지계획에 대해 강의했는데, 지금의 내용은 실제로 임대경영을 성공시키기 위해서 구체적으로 오너가 해야 할 일은 무엇인지, 그리고 확실하게 현금흐름을 창출하기 위한 메커니즘은 어떻게 되어 있는지를 알려줍니다. 이미 임대경영을 하시는 분들도 보다 사업을 호전시키고 현금흐름을 확실히 늘리기 위한 메커니즘을 알게 되므로, 임대경영 성공으로 향하는 지름길을 달릴 수 있게 됩니다.

통상 하우스 메이커 등이 실시하는 임대 세미나는 세무사나 변호사 등의 전문가가 강사가 되어 임대경영의 세무적인 문제, 입주민과의 문제에 관해 강의하는 경우가 많은 것이 현실입니다. 중요한 것은 입주자가 끊기지 않도록 만실 경영을 계속할 수 있는지의 여부입니다. 어떻게 현금흐름을 만들어 가느냐의 문제인데, 과연 만실 경영이 실현될 수 있을지에 대해서는 거의 알려진 게 없습니다. 그런데도 모두 만실을 전제로 이야기하고 있는 것입니다. 궁극적으로 '자사의 상품이라면, 만실이 실현된다', 게다가 '월세 보증이 따라온다'라고 단순하게 문제를 해결해버리는 편리한 정보밖에 수강자에게는 주어지지 않습니다.

'아파트, 맨션 경영을 성공시키는 모임'이 주재하는 세미나는 강사들 스스로가 임대경영자입니다. 따라서 정말로 필요한 노하우를 단시간에 얻을 수 있습니다.

자금흐름, 세금 구조, 만실 경영을 위해 주인이 꼭 해야 할 일 등을 손에 잡히는 것처럼 제대로 알게 됩니다. 아파트, 맨션 오너로서뿐만 아니라 노후대책을 위해 원룸 경영을 생각하는 분들도 참고하실 수 있습니다.

실제 강의는 다음 순서로 진행하겠습니다.

■ 자산이 자신을 위해 현금흐름을 창출하는 메커니즘이란?

자산의 유효 활용은 자산과 부채, 수입과 지출의 균형이 전부입니다. 이 메커니즘을 숫자를 일절 사용하지 않고, 그룹핑 박스를 사용해 알기 쉽게 해설합니다.

■ 현금흐름을 만들기 위해 오너가 해야 할 3대 원칙은?

임대아파트라는 자산이 현금을 장기 안정적으로 창출하기 위해서는 만실 경영이 원칙입니다. 만실 경영을 실현하기 위한 포인트를 고객, 금융, 리모델링, 이 3가지 키워드로 풀이해 설명합니다.

■ 지금 당장 현금을 창출하는, 3가지 비책은?

현금 흐름을 늘리기 위해서는 가능한 한 현금을 많이 확보하고 지출을 억제하는 것입니다. 그러나 단순히 현금이 많아져버리면 세금도 많아집니다. 여기서는 합리적으로 캐시를 늘리기 위한 3가지 비책을 전수합니다.

■ 다시 들을 수 없는, 아파트, 맨션 경영자를 위한 보상 대책, 그 구체적인 방안은?

드디어 내년 4월부터 페이오프가 풀립니다. 맨션 오너를 위한 보상 대책, 그 구체적 대책법을 공개하겠습니다.

이상 약 120분간+추가 60분의 내용입니다. 여기에 40페이지 정도의 텍스트가 추가로 붙습니다. 강의내용에는 자신이 있지만 '뭔가 이상한데~?', '정말 도움이 되는 것일까?'라고 참가를 망설이는 분들은 작년 세미나 비디오를 무료로 보내드리니 우선 한번 보시기 바랍니다. 이번 세미나에 참석하실 경우에는 비디오 반납이 필요 없습니다. 그대로 제공해드립니다. 만약 이번에 불참하실 경우에는 번거로우시겠지만 반납해주시기 바랍니다. 의지의 끈이었던 미국 경제가 9·11 테러와 보복 전쟁의 여파로 악화되면서 일본 경제도 이제 자력으로 회복하는 길은 없어졌습니다. 우리는 경기에 좌우되지 않는 강한 사업을 스스로 만들어내야 합니다. 하루하루의 정보가 전부입니다. 저도 이 세미나에 온 정력을 쏟겠습니다. 조금이라도 관심이 있다면 망설일 틈이 없습니다. 수강료는 무료입니다. 지금 바로 신청해주세요.

당일 여러분을 만날 수 있기를 기대하고 있습니다.

아파트, 맨션 경영 컨설턴트 **우라타 켄**

금단의 세일즈 카피라이팅

세 번 건물을 세우지 않으면 정말 마음에 드는 집은 지을 수 없다

옛날에는 이렇게 회자되곤 했습니다. 임대아파트도 같은 건물이지만, 임대사업에서 두 번까지는 실패가 허용되고, 세 번째에 성공하면 괜찮다는 법은 어디에도 없습니다. 두 번 실패를 경험하면, 재산은 먼지처럼 흩어지고 말 테니까요.

제가 있는 곳에는 중간에 사업계획을 수정하지 않으면 안 되는 물건이 매년 몇 건씩 생깁니다.

이들 물건은 사업 파트너가 되어야 하는 설계사, 은행, 세무사, 건설사, 부동산 업자 등의 스태프 보조가 맞지 않아서 사업 예산을 지나치게 초과하거나, 계획대로 월세 수입을 얻지 못하는 등의 문제가 대부분입니다.

건축 전이라면 어떻게든 사업 계획을 수정해서 진행하는 것이 가능하지만, 착공해버린 후에는 수정하는 것이 어려워집니다. 그런데 왜 전문가들이 포진해 있음에도 불구하고, 이런 일들이 발생하는 것일까요?

그것은 전문 분야에 특화되어 있어서 일어나는 것입니다.

예를 들어 설계사 입장에서 그 원인을 분석해보면,

임대아파트의 설계를 할 때, 사업의 수지계획까지 완벽하게 들어 있는 설계도는 좀처럼 없습니다. 자신의 설계 콘셉트를 전면에 너무 내세워버린 끝에 건축 예산이 초과되는 것은 너무도 흔한 일입니다. 또한, 설계사의 시세를 오너가 정확히 모른 채 설계비용을 지불하는 것도 종종 일어나는 일이죠.

다음으로 은행의 경우는,

담보만 잡으면 된다고 생각하는 은행이 많습니다. 건설 업자나 부동산 업자 소개까지 개입하는 경우가 많은데, '은행이 소개하니까 괜찮겠지'라고 가벼운 생각으로 접근하는 것은 절대로 금물입니다. 실적 부진의 건설회사로부터 조달하고 있는 자금을 빨리 회수하기 위한 사업을 소개하기 때문입니다.

다음으로 세무사의 경우는,

임대사업을 적극적으로 컨설팅하는 세무사는 별로 없습니다. 사업 시작 전에 신고를 잊어버려서 세금을 많이 내거나 손금처리 할 수 있었던 경비가 생성되지 않았다는 이야기도 종종 들려오는 이야기입니다.

다음으로 건설업자의 경우는,

과한 설계였다고 하더라도 건설허가를 받기 전까지는 비용을 낮추기 위한 기술을 건설업자들은 가지고 있습니다. 하지만 건설업자 결정 단계에서는 이미 건축허가가 난 경우가 많아서 변경하는 게 효과가 없습니다. 이렇게 되면 건설업자들은 "체질을 바꿀 수는 없다"라고 하며 무리해서 수임을 하고, 예산이 없어 부실시공을 하게 됩니다.

거기에 부동산 업자의 경우를 더하면,

모집, 관리 업무를 수주하기 위해 시세와 동떨어진 월세를 모집하고 반강제로 위탁받았지만, 결국 그 월세가격으로는 입주자가 정해지지 않습니다. 그렇게 되면 임대가격을 낮출 수밖에 없게 됩니다. 만약 제시된 집세를 바탕으로 건축비를 정했다면, 단순히 웃을 일만은 아닙니다.

이처럼 전원이 임대 경영에 대한 공통의 지식을 가지고 있느냐면, 그것이 아님을 알 수 있습니다. 각자 자기 입장에서 다른 꿈을 꾸고 있습니다. 결국 누군가가 사업 자체를 정리해 나가야 합니다. 오너 자신이 그것을 해야 하지만, 전문적인 지식이 필요한 분야이기 때문에 여러 문제가 발생할 수 있습니다. 따라서 관리를 수월하게 할 프로 파트너가 필요합니다.
임대사업을 할 때는 건물이 완성될 때까지의 시간이 정말로 중요합니다.

우리 회사에서는 그런 오너를 지원하기 위해 FP컨설턴트 제도를 도입하고 있습니다.

이 FP컨설턴트 제도는 다른 컨설턴트와는 다른 사업계획, 설계, 관리까지 망라한 시스템입니다.

(원문 그대로)

아, 그리고 여기에 덧붙여 얼굴이 나온 사진 등을 1장, 신청서는 별지로 해서 좀 더 두껍고 깔끔한 종이를 쓴다면, 고객의 반응은 올라갈 것입니다. 이런 DM을 만들 수 있는 우라타 씨는 업계를 단번에 바꿀 임팩트가 있는 인물입니다. 말과 글은 그만큼 대단한 파급효과가 있습니다.

물론 이 DM을 동업자가 그대로 베낀다면 저작권법 위반에 걸리게 됩니다. 하지만 반대로 다른 업계의 사람이 이 내용을 그대로 참고해 새로운 DM을 발송하는 것은 괜찮습니다. 그렇게 하면 우라타 씨와 같은 반응률을 얻을 수 있게 될 것입니다.

그러나 고객은 DM을 읽었을 때의 인상과 실제로 느낀 인상이 다를 경우, 신뢰할 수 없는 업자라고 본능적으로 알게 됩니다. 그렇게 되면 성공률은 상당히 떨어지기 때문에 실제로 DM을 쓰는 본인이 문장을 '자신의 것으로 할' 필요가 있습니다. 이 점을 꼭 명심하세요.

05 성공률 41%의 DM은 무엇을 하고 있을까?
'슈퍼DM'의 설계도를 철저 분석!

고객획득실천회에서 이뤄진 수많은 실천 사례 중에서 기록적인 성공률을 자랑한 것은 여기에서 소개할 발모제 DM입니다. 이러한 사례와 비슷한 DM을 만드는 것은 결코 어려운 작업이 아닙니다. 포인트(설계도)만 잘 잡으면 어떤 회사라도 쉽게 작성할 수 있습니다. 그만큼 단순하고 쉬운 일이니 걱정하지 마세요.

● 고객은 '샘플'을 왜 사용하지 않나?

DM에서 성공률 41.1%라는 경이적인 숫자 기록을 세운 요시다 아이엠연구소의 요시다(吉田) 사장의 사례를 소개합니다. 이 회사에서는 '카미노수케(Kaminosuke)'라는 발모제를 판매하고 있습니다. DM을 보면 성공률을 높이기 위해 여러분이 공부할 내용이 많습니다.

41.1%라는 숫자는 자료 요청이 있는 가망고객에게 DM을 발송했을 때 가능한 성공률입니다. 이 발모제는 6,800엔의 상품이지만 실제 평균 구입 상품 개수는 3개 정도로, 평균 단가가 약 1만 엔에 달합니다. 이 고가의 상품이 41%라는 반응률을 획득했다는 사실은 실로 대단한 것입니다. 너무 대단해서 웃음이 절로 나오는군요. "하하하! 하하하하!"

어떻게 이렇게까지 반응률이 좋을 수가 있을까요? 먼저 142페이지의 DM을 봐주시기 바랍니다. 보면, 샘플이 붙어 있는 것을 알 수 있습니다. 제가 클라이언트로부터 "샘플이 붙은 DM을 보여주세요"라고 부탁받는다면 무엇을 제일 먼저 검토하게 될까요?

많은 사람은 대체로 DM의 내용을 살필 것입니다. 하지만 저는 DM보다 먼저 챙겨보는 것이 있습니다. 그것은 바로 '샘플의 사용설명서'입니다. 많은 회사가 실패하는 이유는, 샘플을 붙이면 고객이 그 샘플을 사용할 것이라고 단정 짓는다는 점입니다.

하지만 아닙니다. 고객은 샘플을 좀처럼 사용하지 않는 경향이 있습니다.

"나중에 쓰지 뭐" 하면서 그대로 새까맣게 잊어버립니다. 애써서 샘플을 챙겼는데, 고객이 사용하지 않는다면 무용지물입

(원문 그대로)

니다. 샘플을 사용하지 않는다면 상품 주문도 있을 리가 없습니다!

따라서 샘플이 붙은 DM의 목적은 제품의 주문을 받는 것이 아닌, 먼저 샘플을 사용하게 하는 것이 목적입니다.

그렇다면 어떻게 해야 고객이 샘플을 사용하게 할 수 있을까요? 여기에는 2가지 포인트가 있습니다.

먼저 ① '샘플이 간단히 사용하기 쉽게 되어 있는가?'

그리고 ② '사용설명서를 보면 사용하고 싶어지는가?'입니다.

샘플을 쉽게 사용하게 하려면, 먼저 사용법이 알기 쉽게 작성되어 있어야 합니다. 어렵게 적혀 있다면 샘플을 쓸 마음도 생기지 않겠죠. 거기에 샘플을 사용하고 싶게끔 만들려면, 샘플을 사용한 장면의 실황중계를 해야 합니다. 바로 이것이 고객이 샘플을 사용하게끔 만드는 핵심 포인트입니다.

실황중계는 예를 들면, "바른 직후보다 2~3분 경과하면, 지잉 하고 스며드는 것을 느낄 수 있습니다", "아침저녁으로 2회, 반복해주세요 (중략) 두피가 부드러워지는 것을 느낄 수 있습니다"라고 하는 표현들입니다. 샘플을 사용하기 시작해서 몇 분 후에는 어떤 일이 일어나고, 며칠 후에는 어떤 효과를 볼 수 있는지 실황중계를 합니다.

이런 방식으로 샘플을 사용하면 어떻게 되는지 구체적으로 알리는 것이 중요합니다. 그럴 때, "지잉 지잉~", "두피가 부드러워진다", "머리카락이 검게 올라온다"처럼 감각이나 색채가 느껴지는 생생한 표현을 쓰면 더 효과 만점입니다.

● 슈퍼 DM, 그 11가지 포인트

이번에는 DM을 분석해봅시다. 이 DM에는 11가지나 우수한 포인트가 있습니다.

포인트 1　봉투에 관한 공부

"지금 당장 읽어봐주세요!!"라고 빨간 글씨로 적혀 있습니다. 이 빨간 글씨의 표현(티저 카피)은 봉투의 개봉률을 올립니다. 하지만 이 DM은 샘플이 들어 있어서 울퉁불퉁하니 상대는 '이 안에 대체 뭐가 들어 있는 거지?' 하고 신경이 쓰여 봉투의 개봉률이 올라갔을 것입니다.

포인트 2　세일즈 레터의 적절한 길이

이번에는 안에 들어 있는 세일즈 레터를 살펴봅시다(147~150페이지 참고). 총 4페이지의 편지입니다.

세일즈 레터는 독자가 편하게 읽을 수 있을 정도의 내용이라면 글의 내용이 길면 길수록 반응률도 올라갑니다. 하지만 당연한 말이지만, 보통의 글쓴이들은 그 정도로 문장 실력이 좋지 않기 때문에 내용이 길어도 4페이지를 넘기지 않는 것이 좋습니다.

포인트 3 　레터의 색 사용

이 레터는 총 3가지 색을 사용하고 있습니다. 제일 강조하고 싶은 내용은 빨강, 다음으로 강조하고 싶은 내용은 파랑, 그다음은 검정색으로 표기하고 있습니다. 당연히 검정색 하나만 쓰는 것보다 색을 여러 개 쓰는 것이 효과적입니다. 그렇다고 3가지 색을 모두 사용할 필요는 없습니다. 2가지 색만 사용해도 충분히 반응률은 달라질 수 있습니다.

포인트 4 　제목에 숫자를 넣는 구체성

이 레터의 제목은 임팩트가 있습니다. 바로 숫자가 있기 때문이죠. 구체적인 숫자를 활용하면 상품에 대한 자신감을 고객이 느낄 수 있습니다.

포인트 5 　고객의 불신감을 선점해 해답 제공

'이봐요. 샘플이 이것밖에 없나요?', '이것으로 대체 어떻게 효과를 보라는 거죠?' 이렇게 글 서두에서 고객의 불신을 먼저 스스로 밝히고 있습니다. 이런 식으로 질문을 먼저 던지면 고객은 안심하고 문장에 빠져들기 시작합니다.

포인트 6 **레터의 첫 번째 페이지에서 고객을 향한 이점을 명확히 하기**

문장의 시작 부분에서 "카미노수케를 바르면 스며들어 두피가 부드러워지는 것을 느낄 수 있습니다"라고 빨간 글씨로 표현되어 있습니다.

이런 방식으로 고객이 획득할 수 있는 이점을 레터의 서두에 표현하는 것이 좋습니다. 왜냐하면 획득할 수 있는 결과를 명확하게 하지 않고 처음부터 주절주절 상품 설명을 나열하면, 고객은 레터를 끝까지 읽으려 하지 않기 때문입니다. 그런 편지는 도중에 쓰레기통에 직행할 수밖에 없겠죠.

포인트 7 **구매 저항을 일으키지 않기**

첫 페이지의 끝에 이런 표현이 있습니다.

"저도 무리하게 카미노수케를 권할 마음은 없습니다. 엄선한 원료를 사용하고 있는 관계로, 효과가 없다고 판단하시는 분에게 권하는 것은 서로 이득이 없는 일입니다."

이렇게 말하는 목적은 제품을 구매하라고 강하게 설득하는

겨우 이 정도의 5cc가
1,863명의 인생을 바꿨습니다.

여러분에게 있어 정말 귀중한 발모제 샘플입니다.
지금 바로 이 편지를 읽고 그 효과를 천천히 느껴보시길 바랍니다. — 빨간 글씨

"비비지 마! 때리지 마! 마사지하지 마!"
탈모, 대머리뿐만 아니라 흰머리, 여성의 볼륨업에도 좋은 소식입니다.
남녀공용! 여성의 이용률도 41%!
재구매율이 94.9%.
사용자의 83.6%가 60일 이내에 효과를 실감하고 있습니다. (30일 이내 효과도 70%)

파란 글씨 —

간다 마사노리 님께

요시다 아이엠 연구소의 요시다 토오루(吉田 透)입니다.
이번에 발모제 '카미노수케' 샘플을 받아주셔서 정말로 감사드립니다.

'이봐요. 샘플이 이것밖에 없나요?'
'이것으로 대체 어떻게 효과를 보라는 거죠?'

이렇게 생각하고 계실지도 모르겠군요.

저는 이번 기회에 간다 마사노리 님께서 카미노수케를 사용하시고, 이 작은 샘플이 다른 발모제와 어떻게 다른 효과를 충분히 줄 수 있는지 알아주셨으면 합니다.

카미노수케를 사용하고 5~10분 정도의 초기 단계에서 당신의 두피는 몰라보게 부드러워질 것입니다. 이것이 이 카미노수케가 발모제로서 가지고 있는 큰 특징입니다.

카미노수케를 사용하면 두피가 금방 부드러워지는 것을 실감하실 수 있습니다. 당신은 이 샘플을 통해 그 경험을 느끼실 수 있습니다.

신경 쓰이는 두피를 따라서 두피에 직접 카미노수케를 떨어뜨립니다. 그다음, 손가락 끝으로 천천히 문지르며 흡수시킵니다. 그 상태로 5분 정도 가만히 있습니다. 헹굴 필요는 없습니다. 스며들 뿐입니다. 그것으로 충분합니다.

두피에 감각을 집중해주세요.
"피부로 지잉~ 하고 스며드는 느낌이 들 것입니다"

저도 무리하게 카미노수케를 권할 마음은 없습니다. 엄선한 원료를 사용하고 있는 관계로, 효과가 없다고 판단하시는 분에게 권하는 것은 서로 이득이 없는 일입니다. 그래서 이 작은 용량인 5cc로 사용해보시기를 우선 권합니다.

최근 각종 발모제가 출시되고 있지만, 카미노수케는 다른 발모제와는 차원이 다른 제품입니다. 저에게는 한 가지 가설이 있었습니다.

'대머리 또는 숱이 적은 원인은 두피에 있다.'
'두피를 부드럽게 하면 혈행이 좋아져 모발 생성이 활성화된다.'

이 가설을 바탕으로 '두피를 부드럽게 하려면 어떻게 해야 할까?'를 궁리하며 연구를 시작했습니다. 그렇게 해서 발견하게 된 것이 온천수의 이온화 미네랄이었습니다.

9년 전에 프로토타입이 만들어졌지만, 두피를 부드러워지게 하는 것은 시간이 걸리거나, 발모는 됐지만 길게 자라지는 못했습니다. 거기에 자금 부족으로 투자 계약을 약속한 온천장으로부터는 해지를 통보받기도 하면서 좌절의 나날을 보내고 있었습니다.

10여 년에 걸친 온천수의 연구와 39종류에 이르는 생약 추출물의 배합 보증 결과, 무향료, 무착색, 무호르몬의 남녀 공용의 발모제로 드디어 야심작 '카미노수케'를 발매하기에 이르렀습니다.

물론 머리카락뿐만 아니라 두피에 직접 바르는 것이기 때문에 사용법만 제대로 지킨다면 부작용 같은 것은 일절 없습니다.

그렇다면 왜 두피를 부드럽게 하면 모발 생성이 활성화되는 것일까요?

대머리, 또는 숱이 적어서 고민하는 사람들은 대부분 두피가 딱딱합니다. 혈행이 안 좋아서 영양부족 상태이며, 머리카락이 가늘어지면서 탈모로 진행합니다. 원래 영양분은 혈행을 따라 운반이 됩니다. 노폐물 배출 또한 혈행이 좌우합니다.

이 발모제 카미노수케는 단시간(5~10분)에 두피를 부드럽게 만듭니다. 그와 동시에 피지의 과도한 배출을 억제해 기름기가 흐르는 피부를 사전에 방지합니다. 두피는 늘 뽀송한 상태를 유지하게 됩니다.

이 카미노수케를 사용하면서 두피 고민을 날려버린 많은 분의 목소리가 우리 회사로 날아들고 있습니다. 그럼, 여기서 소개해드릴까 합니다.

자코지마시 아베마츠 노리유키 님

처음에는 반신반의였습니다. 그런데 카미노수케를 사용하자마자 바로 지잉~하고 피부가 느껴지더군요. 이것은 지금까지와는 전혀 다른 경험이었습니다. 사용하고 나서 10일 정도 지나자 새 머리카락이 돋기 시작했습니다. 한 달이 채 지나지 않아서 제법 길었고, 헤어 스타일을 바꿀 수 있을 정도의 상태가 됐습니다.

시라군 시나다 스미코 님

카미노수케를 이용한 지 한 달 정도 됐습니다. 두피의 맨살이 보였었고 주변은 흰머리가 가득해서 포기하고 있었는데, 선생님을 알고 나서 바로 사용하게 됐습니다. 흰머리는 검은 머리로 바뀌었고, 머리카락도 윤기가 나기 시작했습니다. 이 작은 샘플을 사용하는 것으로 두피에 직접 작용하는 발모제로서 카미노수케의 특징을 바로 체험하실 수 있을 것입니다.

지금까지 우리 회사는 광고를 거의 따로 하지 않고 고객들의 입소문만으로 운영하고 있습니다. 고객들의 성원 덕분에 발매 1년 만에 1,863명의 고객님들이 저희 제품을 애용하고 있습니다.

사용방법은 아주 간단합니다.

1. 먼저 샤워하고 가볍게 머리를 감아주세요.
2. 가볍게 수건으로 머리를 말려 주세요.
3. 아직 모발이 가볍게 젖은 상태에서 카미노수케 샘플을 두피 전체에 묻혀 가볍게 손끝으로 문지릅니다.
4. 그 상태로 3분 정도 그대로 두면, 두피에 지잉~ 하고 카미노수케가 스며드는 것을 느낄 수 있습니다.

  이 샘플은 아침저녁으로 2회 정도 사용할 수 있는 2.5일분입니다. 그런데 1회에 전부 사용해도 부작용은 없습니다. 오히려 두피를 더 부드럽게 하는 효과를 강하게 느끼실 수 있습니다.
  ※ 사용법은 별지의 일러스트에 해설하고 있습니다.

그 효과를 알고 있는 분들만 저희 제품을 애용해주시기 바랍니다.

  "확실히 이것은 효과가 있을 것 같아요!"

  이렇게 생각하는 분들에게는 이번에 카미노수케의 실력을 체험할 수 있는 소식을 전합니다. 하지만 먼저 샘플을 사용하고 난 후 들어주세요. 단 요만큼의 5cc로는 절대로 "발모의 효과가 없었다!"라고 말할 사람은 없을 거라고 생각합니다.
  그러나 이 샘플의 그런 효과를 느끼지 못하시는 분이라면 앞으로 카미노수케를 사용한다고 하시더라도 분명 다른 발모제로 옮겨 가시거나 도중에 사용을 중지하는 분들도 계실 것입니다.
  카미노수케는 효과가 빠른 분은 30일이면 됩니다. 83.6%의 고객님들은 60일이면 효과를 느낍니다. 그런데도 발모를 위해서는 끈기 있는 노력이 필요합니다. 그러니까 이 샘플로 "그 효과를 시험해보자!"라고 하시는 분께 이 우대가격으로 특전을 준비했습니다.

샘플을 사용한 분들 한정으로! '최초 우대 특전'

  이번에 샘플을 사용하신 분에게 더 좋은 서비스를 제공하기 위해 우대가격으로 제품을 제공해드립니다.

  물론 제품을 사용하고 나서 효과가 없는 경우에는 '아무리 많은 용량을 사용했다고 하더라도 환불을 약속드립니다.'

  저도 자부심을 느끼고 추천하고 있는 이상, 여러분에게 무리하게 사용하실 것을 권하지는 않습니다. 무엇보다 효과에는 개인차가 있을 수 있으므로, 오랜 시간을 두고 사용하지 않으면 그 결과를 알 수는 없습니다.

2주간 사용했음에도 만에 하나 만족하지 못한 분들이 계신다면, 상품을 수신인 부담으로 반송해주세요. 반송의 이유는 일절 묻지 않고 기쁜 마음으로 환불해드리겠습니다.

　자, 그럼 첫 회 우대혜택에 대한 말씀을 드리면,

　1병(80ml)에 6,800엔을 우대가격인 5,800엔(부가세 별도)으로 모십니다.

　다만, 한 사람당 6병까지만 구매가 가능한 점, 참고 부탁드립니다.

　여러분의 발모 고민을 생각하면 금방 달려가고 싶은 기분입니다. 지금부터 10일 이내의 신청까지만 받고 있습니다.

　발모는 급히 서둘러서 해결될 문제는 아닙니다.
　발모제는 긴 시간 지속해서 사용해야 효과를 볼 수 있기 때문에 여러분들은 우리 회사에 대한 불안감도 있으시리라 여깁니다.

　그래서 첫 회 우대 특전을 준비했습니다.
　부디 지금 바로 샘플을 사용하시고 첫 회 우대 특전의 기회를 이용하시기 바랍니다.

　첫 회 우대 가격을 위한 주문은 간단합니다!

　같은 봉투에 들어있는 첫 회 우대전용 엽서에 희망하는 칸에 ○를 기재해 FAX나 우편으로 보내시면 됩니다. 전화는 (0210-880-262)로도 신청이 가능합니다.

　그다음은 몇 병을 주문하실 건지 알려주시면 바로 보내드립니다.
　연락만 주신다면 수일 후에는 여러분의 두피를 부드럽게 해줄 발모법이 시작되는 것입니다.

　지금 바로 펜을 들고 적어 주시기 바랍니다.
　여러분의 주문, 마음으로부터 기다리고 있겠습니다.

요시다 아이엠 연구소
요시다 토오루

추신 : 카미노수케는 소량으로도 두피에 지잉~ 하고 스며드는 것을 실감할 수 있습니다.

　지금 바로 온천 미네랄의 힘을 느껴보시길 바랍니다.

　그리고 그 효과를 느끼셨다면 첫 회 우대 특별가격의 유효기간(간다 마사노리 님은 8월 11일까지 유효합니다) 안에 주문을 부탁드립니다.

(원문 그대로)

것이 아닌, 고객의 소비저항을 일으키지 않으려 함입니다. 하지만 가망고객이 처음 접하는 DM에서는 추천하지 않는 기술입니다. 처음부터 "무리하게 우리 제품을 구매하지 않아도 됩니다" 이렇게 표현했다가는 오히려 고객의 반응률이 떨어지게 되므로 조심해야 합니다.

그런데 이번에 이 회사는 왜 이런 표현을 쓰게 된 것일까요? 그 이유는 간단합니다. 이미 이 회사의 제품을 쓴 고객들이며, 이 회사의 제품에 대해 상당한 신뢰성을 가진 고객들을 대상으로 했기 때문입니다. 이미 고객들로부터 높은 신뢰성을 확보한 경우라면, '고객 여러분의 판단에 맡깁니다'라고 고객을 밀어내는 느낌을 주면, 역으로 제품 구매를 유도하는 효과를 볼 수 있습니다.

포인트 8 주문을 불러일으키는 키워드, '우대'

'우대'라고 하는 키워드는 그야말로 만능입니다. 특히 최초 구매 고객의 소비 저항을 없애는 탁월한 효과가 있습니다. 아무리 좋은 제품이라고 해도 처음 제품을 구매하는 고객은 어쩔 수 없이 주저하게 됩니다. 망설이는 고객의 마음을 돌려놓기 위해서는 '최초 우대 특전'이라는 키워드를 쓰면 효과적입니다.

포인트 9 **제품에 대한 자신감을 느끼게 하는 반품 제도**

"반송의 이유는 일절 묻지 않고 기쁜 마음으로 환불해드리 겠습니다."

이렇게 레터에는 쓰여 있지만 사실, 제품이 반품되어 돌아오 면 상당히 슬플 것입니다. 환불하는 행위가 중요한 게 아니라, '기쁜 마음으로 환불할 정도로 이 제품에 대한 완전한 자신감 이 있다'라고 하는 '상품에 대한 자신감'을 전달하는 것이 중 요합니다.

포인트 10 **구매금액을 올리기 위한 '한정'의 활용**

이 카미노수케 제품은 '다만 한 사람당 6병까지'라고 구매 개 수를 한정하고 있습니다. 이렇게 하면 확실하게 6병을 다 구매 하는 고객의 수가 늘어납니다. 평균 구매 단가를 올리기 위한 효과적인 테크닉이라고 할 수 있습니다.

포인트 11 **추신을 활용해 목적을 다시 강조하기**

'추신'이라고 하는 제일 눈에 띄는 장소에 "카미노수케는 소 량으로도 두피에 지잉~ 하고 스며드는 것을 실감할 수 있습니 다"라고 표현하면서, 고객이 샘플을 사용하게 하기 위한 목적 을 다시 강조합니다.

어떠신가요? 지금까지 나열한 방식으로 쓴 DM을 한번 만들어 놓으면, 그다음은 체계가 잡혀, 몇 년 동안 굳이 크게 수정하지 않아도 수익을 낼 수 있게 됩니다. 부디 참고하셔서 활용하시기 바랍니다.

제3장

'금단의 편지' 편

'고객에게 보내는 편지'라면? 여러분은 어떤 것을 상상하고 계신가요? 단순한 판매, 자사 상품·서비스 소개와 같은 일방통행의 편지는 다이렉트 마케팅의 도구로는 실격입니다. 편지라는 것은 어떤 시대에도 통용되는 최고의 커뮤니케이션 도구입니다. 이는 고객과의 커뮤니케이션을 통해 비즈니스의 승패를 좌우하게 됩니다.

01 뉴스레터가 지는 해여도 발행하는 게 낫다
무엇을 쓰는 게 효과적일까?

∙∙∙

'뉴스레터 발행'은 간다 마사노리가 주장하는 다이렉트 마케팅의 큰 특징입니다. 그리고 최대의 무기라고도 할수 있죠. 여기서는 "왜 뉴스레터를 발행하지 않으면 안 되는가?"에 대한 질문에 대해 대답을 하고자 합니다. 뉴스레터의 기본개념을 해설한 기사를 사례로 이야기를 풀어가봅시다.

● 뉴스레터에 대한 오해들

이번에는 뉴스레터[18] 특집입니다. 그런데 왜 뉴스레터를 간과하면 안 될까요? 그것은 어떤 회사라도 뉴스레터가 지는

---

18) 뉴스레터 : 회사, 매장에서 고객에게 정기적으로 발행하는 매체입니다. 본문에서도 다루고 있지만, 고객을 모집하고 제품 재구매율을 높이는 효과가 있습니다. 즉, 고객과 이상적인 관계를 유지하기 위한 필수적인 도구입니다.

해라고 해도 발행하지 않으면 안 되기 때문입니다. 뉴스레터를 발행하지 않는다는 것은 그만큼 고객으로부터 잊히고 있다는 뜻입니다. 그리고 고객 유출이 진행되고 있다는 뜻이기도 하죠. 즉, 불에 타고 있는 현금을 계속 지켜보고 있는 것과 같은 이치입니다.

여기 실천회에서도 뉴스레터는 중요하게 취급합니다. 뉴스레터란 '고객을 끌어들여 제품의 재구매율을 올리는 엔진 역할을 합니다. 뉴스레터를 발행하지 않는다는 것은 저로서는 있을 수 없는 일이죠. 그러니 여러분의 회사가 뉴스레터를 발행하고 있지 않다면, 꼭 마음을 고쳐먹고 뉴스레터를 발행하는 것이 좋습니다.

뉴스레터는 정말 중요합니다. 하지만 2가지 오해가 존재하죠. 첫 번째 오해는 '자신의 상품에 관해 쓰지 않으면 안 된다'라는 오해입니다. 제가 클라이언트에게 "뉴스레터를 만들어주세요"라고 하면 다음과 같은 대화가 전개됩니다.

나　　　: 뉴스레터를 발행합시다.

업체 사장 : 무엇을 쓰면 될까요?

나　　　: 간단합니다. 사장님께서 요즘 몰입하고 있는 게 있습니까?

업체 사장 : 음, 특별히 없지만, 최근에 고양이가 너무 귀엽습니다.

나 : 아주 좋군요. 그렇다면 고양이에 관해 쓰시면 됩니다.

업체 사장 : 네? 그렇게 써도 된다고요?

나 : 네. 그렇습니다. 어떤 사장님은 라면을 좋아하는데 그 내용을 뉴스레터 칼럼으로 쓰고 있습니다. 그랬더니 고객의 반응이 아주 좋아서 인기 만점입니다.

이 대화에서 알 수 있듯이 뉴스레터에 꼭 회사 제품에 관한 이야기를 쓰지 않아도 됩니다. 뉴스레터는 이 사람에 대해 잘 알고 있다는 유사체험을 일으키면 되기 때문에 굳이 제품에 관해서 쓸 필요는 없습니다. 그냥 글 쓰는 이가 좋아하는 것을 쓰면 됩니다. 저는 상당히 진지하게 이야기하는 것인데도 불구하고 다음과 같은 반응이 돌아오게 됩니다.

업체 사장 : 그런데 그 정도로 고객의 반응이 일어나는 것인가요?

나 : 반응은 없지요!

여기서 상대는 깜짝 놀랍니다.

"반응이 없다니요? 도대체 그럼 뉴스레터를 왜 발행하는 것인가요?"

뉴스레터를 발행해서 반응이 일어나 매상이 오른다? 그것은 거짓말입니다. 이 지점이 바로 두 번째 오해입니다.

뉴스레터는 우리가 알고 있는 전단지와 다릅니다. 매상을 올리는 것이 목적이 아니라, 고객의 이탈을 막는 것이 목적입니다. 뉴스레터는 씨앗에 물을 주는 것과 같습니다. 가망고객(씨앗)이 새싹을 틔워 매출을 올리는 고객으로 만드는 것이 그 목적입니다. 물을 준다고 해서 갑자기 씨앗에서 꽃이 피지는 않습니다. 하지만 조금 참고 6개월 정도 물을 주는 것을 지속하면, 꽃이 필 때 일제히 만개합니다.

이전의 뉴스레터로 어떤 하우징센터가 240통의 DM으로 3개 동의 주택을 완판한 것을 쓴 적이 있습니다. 사실, 하우징센터 측에서는 DM을 발송함과 동시에 40만 부의 전단지를 발송했습니다. 하지만 전단지를 보고 전화를 걸어온 고객은 불과 몇 명이었다고 합니다. 왜 이런 격차가 발생하는 것일까요?

그 이유는 240통의 DM을 발송한 고객에게는 반년에서 9개월 동안, 뉴스레터를 발송하지 않고 있었기 때문입니다. 가망고객 단계에서부터 싹은 쭉 자라기 마련입니다. 그 '고객을 키운다'라고 하는 작업의 중요한 열쇠가 바로 뉴스레터에 있는 것입니다.

물론 뉴스레터만 잘한다고 될 일은 아닙니다. 뉴스레터를 엔진으로 삼아, 정기적으로 공부 모임에 나가는 게 필요합니다. 그렇게 하면서 고객과의 접근성을 지속시키려는 노력이 중요합니다. 이렇게 고객을 키우는 작업이 매출의 압도적인 차이를 일으킵니다.

02 뉴스레터의 효능은 아주 많다
여러 가지 '이점'을 실감해보자

전단지와 DM과는 다르게 정기적으로 발행하는 것이 포인트인 뉴스레터는 실행하려는 사람 입장에서는 상당히 어렵게 느껴지는 도구일지도 모릅니다. 하지만 여기서 알려주는 것처럼 뉴스레터는 많은 장점이 있는 마케팅 도구입니다. 특히 '메일 매거진'의 발행은 뉴스레터의 역할을 '보다 실천하기 쉽게' 만드는 것이라고 할 수 있습니다.

● 얻을 수 있는 효과는 1개만 있는 것이 아니다!

고객을 키우는 행위는 모객 비용의 압도적인 차이를 일으킵니다. 그 엔진이 바로 뉴스레터죠. 이러한 사실은 이제 이해되셨으리라 생각합니다. 사실 뉴스레터라고 하는 것은 직접 실행해보면 아시겠지만, 그 밖에도 상당한 마케팅 효과가 있다는 것을 알게 됩니다. 그럼, 뉴스레터의 효능이 어떤 것이 있는

금단의 세일즈 카피라이팅

지 살펴보겠습니다!

① 고객의 신뢰를 얻을 수 있다

앞선 글에서 "뉴스레터를 발행해도 매상이 도통 오르지 않는다"라는 말씀을 드렸지만, 매상이 오르는 경우도 실제로 많습니다. 예를 들어, 마루코 설계 공방이 만든 다음의 뉴스레터를 참고해보시기 바랍니다.

아무런 구매 유도 문장이 없음에도 제1호 뉴스레터를 발행한 순간부터 주문받게 됐습니다. 자, 어떻게 구매를 유도하지 않았는데도 수주를 얻을 수 있었던 것일까요? 그것은 바로 고객으로부터 신뢰를 얻었기 때문입니다.

저도 이 마루코(丸子) 씨의 뉴스레터를 읽고 알게 된 것은 '이 사람은 여러 매체에 기고를 하는 사람'이라는 사실이었습니다. 그리고 더 나아가, 이 사람은 이 분야에서 상당한 신뢰를 얻고 있는 사람이라는 인상을 받았습니다. 그 결과, '여기를 믿으면 큰 문제가 없다'라는 결론을 얻어 발주하게 되는 것입니다.

고객은 신뢰하면 가격, 제품 등은 문제 삼지 않습니다. 신뢰할 수 있는 사람에게서 구입하기 때문이죠. 이 뉴스레터에는 가격도 없고, 제품에 대한 설명도 딱히 없습니다. 그런데 주문이 들어옵니다.

신뢰는 돈으로 살 수 없습니다. 뉴스레터를 통해 얻을 수 있습니다.

마루코 설계 공방(구 복지공방 마루코) 뉴스레터

Vol.1 4월호
발행일 2000년 4월 22일

It works. (도움이 된다는 의미)

하이라이트 :
· 근황 보고 : 뉴스레터 발행
· 이달의 토픽 : 무모한 도전? 드디어 국제복지기관전에 출전 결정
· 여행 정보 : 홋카이도 마슈호반 베리어프리 호텔
· 선물 정보 : 다음 달 발매되는 간병 정보지 〈Better Care 봄호〉를 선물

뉴스레터 발행에 즈음해

여러분 안녕하십니까. 이 뉴스레터는 한 번이라도 저희에게 일을 의뢰해주신 고객님들께 발송하고 있습니다. 그중에는 "마루코 설계 공방? 우리는 잘 모르는데?" 하고 쓰레기통에 바로 버리시는 분들도 계시겠지요. 저희가 작년에 회사명을 변경했습니다. 그러니 부디 버리지 말고 읽어주시기 바랍니다. (심심할 때 읽으셔도 좋습니다)

뉴스레터는 될 수 있으면 매달 발행할 예정입니다. 격려의 우편, 전화, 메일 등을 기다리겠습니다. 이런 뉴스레터를 발행하고자 계속 생각해왔는데, 학교 숙제처럼 "하려고 했었는데 말이야…"라는 상황이 지속되더군요. 그러다 갑자기 실행하게 됐습니다. (어떤 경영 컨설턴트를 만난 것이 큰 계기가 됐습니다만)

발행일은 매달 22일을 목표로 여러분께 발송하려 하고 있습니다.

그 내용은 근황 보고, 목적 정보, 여행 정보, 선물 정보 등을 알리고자 합니다. 또한, 여러분에게서 정보를 취합하려고도 하니 많은 정보를 보내주시면 감사하겠습니다. (예를 들면, "제가 자주 가는 료칸을 소개해주세요!"라든가, "스포츠 대회에 참석했더니 기록을 달성했어요!", "이런 편리한 복지도구가 있습니다", "이런 공부를 해서 활용해보면 어떨까요?"와 같은 내용 말입니다. 그 어떤 것이든 상관없습니다) 물론 전화로 정보를 전달해주셔도 괜찮습니다. 기다리겠습니다. 여러분에게 도움이 되는 정보지를 목표로 〈It works.〉라고 하는 제목을 붙여봤습니다.

이 〈It works.〉가 대체 무엇인지 궁금하신 분들이 많으실 것입니다. (제 와이프도 그중 한 사람입니다) 흔한 단어이지만 혹시 여러분은 알고 계신가요? 유서가 깊은 라이터 '지포' 라이터의 창설자가 어떤 질문에 대답으로 쓴 말이라는 것을요.

질문자 : 당신 제품은 기능 영구 보증이 되어 있는데 왜 그런가요?
그렇게 하면 손해를 보는 게 아닌가요? (물론 영어입니다)
창설자 : It works! (해석하면 "도움이 되면 그뿐입니다!")

저는 이 말에 크게 감동받았습니다.

일반적으로 기능성이 있는 제품이 영구 보증을 한다는 것은 잘 없습니다. 제가 다녔던 대학은 바닷가에 있었기 때문에 개당 100엔짜리 라이터를 쓸 수 없었습니다. (정말입니다) 그래서 입학하자마자 지포 라이터를 구매했었는데, 이런 대단한 일화가 있었다는 것을 25살에 금연하고 계속 모르고 있었습니다. 그러고 보니 옛날, "전쟁 중에 강에 침몰한 차 안에서 지포라이터의 불이 붙었다"라는 이야기를 들었던 적도 있군요. 복지와 관계없는 이야기뿐이지만, 다음 페이지의 내용도 재미있게 봐주세요.

(원문 그대로)

② 자기만의 노하우가 생긴다

"저는 저만의 노하우가 있습니다" 이렇게 말하는 사람치고 노하우를 제대로 갖추고 있는 사람은 드뭅니다. 그 이유는 뭘까요? 형태로 갖추지 못한 것은 노하우가 아니기 때문입니다. 여러분이 단순히 '생각하고 있는 것', '인지하고 있는 것'은 노하우라고 할 수 없습니다.

"나는 이 분야에 대해 그 누구보다 잘 알고 있으므로 노하우를 가지고 있다"라고 해도 이를 문장으로 표현하려고 하면 턱하고 가로막혀 버립니다. 어찌어찌 문장으로 표현한다고 해도 겨우 몇 페이지 내용으로 끝나버리고 말죠. 그러면서 '아, 나의 노하우라고 하는 것은 겨우 이 정도였던가'라고 처음으로 인식하게 됩니다. (어떻게 잘 알고 있느냐고요? 바로 제가 그랬었기 때문입니다!)

뉴스레터를 쓴다는 행위는 여러분의 지식 재고를 조사하는 것과 같습니다. 한 번 쓴 내용은 이미 알고 있는 내용이기 때문에 두 번 쓸 수는 없습니다. 그래서 지식을 커스터마이즈, 버전 업을 할 필요성이 여기에서 발생합니다. 이런 방식으로 지식의 체계화를 이루고, 사람들에게 전달할 수 있는 모양새를 갖춰야만 처음으로 여러분의 지식은 '노하우'라고 불릴 수 있게 됩니다.

노하우를 갖춘다는 것은 강력한 힘을 가진 것과 같습니다. 그 분야의 전문가가 되기 때문이죠. 전문가가 되면 몸값이 올라갑니다. 그렇게 되면 가격 경쟁은 무의미해집니다.

③ 뉴스레터를 모으면 카탈로그가 된다

카탈로그가 중요하다는 것은 여러 번 반복해서 말씀드렸습니다. 그렇다고 모든 실천회 회원들이 현실 문제를 타개하기 위해 카탈로그를 만드느냐고 한다면, 소수만 실행하고 있다고 할 수 있죠.

하지만 생각보다 쉽게 카탈로그를 만드는 방법이 있습니다. 뉴스레터를 계속 발행하다 보면, 그 내용이 1년 정도 쌓일 시점에서 제법 두꺼운 내용이 취합됩니다. 이를 제본하면 자연스럽게 카탈로그를 만들 수 있습니다. 일석이조인 셈이죠.

④ 고객이 먼저 말을 걸어온다

167~168페이지의 뉴스레터는 주택 메이커 세키스이의 영업맨인 아미쿠라(網倉) 씨가 개인적으로 작성하고 있는 것입니다. 회사가 내는 것이 아닌, 영업맨 개인이 뉴스레터를 발행하고 있는 거죠. 정말 열심히 하지 않습니까? 여러분, 박수를 부탁드립니다!

이 뉴스레터를 발송하면 전시장에서 "아미쿠라 님, 부탁드립니다!"라고 하는 것처럼 지명으로 예약이 가능해집니다. 어떻게 이

장기 거주 주택 실천회 뉴스레터

이달의 화제
· 두려워 마세요! 수납의 마법
· 시작했습니다. 여러분의 광장
· 이것이 처음이자 마지막 장기 휴가?

잘 지내고 계신가요? 추운 날씨가 연일 이어지고 있는데 감기 조심하고 계시지요? 체력만큼은 좋은 저는 어찌어찌 잘 지내고 있습니다.

지난 2월 16일~18일에 2박 3일로 염원하던 종합주택연구소에 다녀왔습니다. 임산부 체험과 휠체어 체험 등 처음으로 다양한 체험을 할 수 있었습니다.

특히 메타 모듈은 정말 좋았습니다. 10㎝의 복도 폭 차이가 이 정도로 생활을 개선시킬 줄은 머릿속에서는 이미 알고 있었지만, 실제 체험하고 경험한 것은 정말 달랐습니다. (별지 1, 사진 1, 2, 3)

이 뉴스레터를 통해서 제가 느낀 체험을 여러분에게도 소개할까 합니다.

종합주택연구소, 저희는 흔히 '종주소'라고 줄여서 부르고 있습니다만, 여기는 여러분에게 도움이 될 만한 많은 정보가 있었습니다. 한마디로 말씀드리자면, 주택에 관한 모든 것을 실제 눈으로 보고, 만지며, 체험하면서 배워가는 장소입니다. 뒤에서도 말씀드리겠지만 실제로 보고, 만지는 것이 포인트입니다.

장소는 교토의 남부, 사가라군 기즈쵸라고 하는, 나라현과의 경계에 있습니다. 부지면적은 8,500평이고, 그중에서 건축면적은 2,900평, 바닥 면적은 9,700평의 시설입니다.

시설은 개발을 목적으로 한 기술연구소가 있고, 실제로 체험하는 것을 목적으로 한 납득 공방이 있습니다. 이번에 저는 납득 공방에서 3일간 체험하고 왔습니다. 여기에 와서 새삼 느낀 점은 견학하러 오신 분들의 진지함과 그들이 가진 대단한 파워였습니다. 이번에 저는 연수생의 자격으로 방문한 것이지만, 이곳에는 전국 각지에서 주택에 관한 것을 공부하기 위해 많은 사람이 모이고 있습니다. 그 때문에 하우스의 정석을 알고 싶은 분들만 오는 것이 아닌, 주택은 무엇인지, 생활이란 무엇인지를 공부하고 싶은 분들이 많이 오십니다.

각 층에는 구조, 단열, 욕실, 계단과 같은 다양한 코너가 준비되어 있습니다. 그중에서도 놀라웠던 코너는 '주방'과 '수납' 코너였습니다.

주방 코너에서는 제 남편이 주변을 구경하는 사이, 주방의 크기, 길이, 높이, 개방형이 좋은지, 폐쇄형이 좋은지 등을 살펴봤습니다. 여러분(특히 사모님들)의 열기가 후끈 달아오르는 것을 느낄 수 있었습니다.

또한, 이번 주제로 알려드리고 싶은 수납 코너에서는 여러분이 현재 수납으로 고민하는 문제들을 확인하면서 "이번에 집을 지으면 어떤 장소에 어떤 수납을 하면 좋겠다" 같은 이야기를 나누면서 실제로 물건을 구입하기도 했습니다.

쓸모없는 수납 문제

납득 공방의 수납 코너의 벽에는 이런 말이 적혀 있습니다. "주부와 수납의 쓸모없는 관계에 마침표를!" 그 카피 문구 앞에 서서 진지하게 기사를 읽어 내려가는 사모님들이 있었습니다. 그 광경을 지켜보면서 여러분의 수납에 대한 높은 관심도를 재확인할 수 있었죠.

납득 공방을 방문한 고객에게 실시되는 설문조사에서 "현재 사는 집의 불만족스러운 점을 모두 대답해주세요"라는 질문에서 제일 많은 답을 얻었던 것은 바로 "수납공간이 부족하다"였습니다.

자, 여기서는 '수납의 영양학'이라는 기사를 참고로, 수납계획의 7가지 포인트에 대해 알려드리고자 합니다. (별지 2) 이번에는 전반부의 3가지를 우선 알려드립니다.

3가지 포인트를 먼저 알려드리기 전에 제가 제일 흥미를 느꼈던 것은 수납 깊이와 사용하기 편리함의 문제였습니다.

여러분의 집에서는 어떤 수납 깊이의 형태가 많은가요? 저희 조부모님 집의 경우, 수납의 깊이가 3척(약 90cm)인 경우가 대부분입니다. 조부모님 댁에 놀러 가게 되면, 동심으로 돌아가게 되면서도 뭐랄까 방석과 이불이 정말 많은 집이라는 것을 느끼게 됩니다.

잘 생각하면 수납 깊이가 3척인 수납공간은 어딘가 불편합니다. 이불은 3개 정도밖에 들어가지 않고 양복을 넣으려고 해도 불필요한 공간이 생길 수밖에 없습니다.

수납 깊이를 ① 15cm, ② 30cm, ③ 50cm, ④ 60cm, ⑤ 1m(이불이 두 개 정도 들어갈 수 있을 정도로 90cm가 아닌, 1m로 설정하는 게 요즘의 상식이라고 합니다)로 분류해, 어떤 수납 깊이에 어떤 물건을 수납할 수 있는지 살펴봅니다. (별지 3, 4, 사진 4, 5, 6, 7)

먼저 15cm(사진 4) 깊이의 수납공간에는 CD, 사진꽂이, 작은 병, 장식물 등을 수납할 수 있습니다.

30cm(사진 5)에는 약상자, 책, 사전, 접시 등을 수납할 수 있습니다. 이번에 사진이 없어서 같이 올리지는 못하지만, 거실에 수납 깊이 30cm를 활용하면 이런 느낌으로 수납할 수 있다는 것을 다음에는 꼭 보여드리고 싶습니다.

그리고 50cm(사진 6)에는 청소기, 화장실 휴지, 세제, 신문지 등을 놓을 수 있습니다. 주로 복도에 이런 수납 공간이 있으면 편리하겠다는 생각이 듭니다.

다음으로 사진 7에 나온 것처럼 양복이 잔뜩 걸려 있는 수납을 봐주세요. 이 수납의 깊이가 어느 정도로 여겨지시나요? 양복의 어깨너비가 큰 관련이 있는데 60cm 폭입니다. 보통 50cm의 수납에 양복을 거는 경우가 많지만 이것은 불편할 수 있습니다. 양복이 옆으로 비켜서 걸리게 되니까요. 주의를 하시는 게 좋습니다.

이번에는 수납의 깊이에 대해서 말씀드렸습니다. 여러분도 지금 가지고 있는 물건들과 현재 일치하지 않는 점을 어떻게…

(원문 그대로)

런 일이 발생할 수 있는 것일까요? 그렇습니다. 고객은 제일 신뢰를 할 수 있는 사람에게서 제품을 구매하기 때문입니다.

여러 번 말씀드리지만 한번 신뢰를 얻게 되면 가격은 그다음 문제가 됩니다. 저 또한 대부분의 안내는 아미쿠라 씨의 견적을 통해 받아봐야겠다고 생각하고 있습니다.

⑤ 소개가 쉬워진다

뉴스레터를 매개로 하면 제품 소개를 쉽게 촉진할 수 있습니다. 그렇게 하려면 뉴스레터의 끝에 다음과 같이 쓰면 됩니다. "이 뉴스레터를 친구에게 소개하고 싶으시다면 필요한 부수를 보내드리오니 연락 부탁드립니다"

또한, 소개 캠페인을 할 때는 뉴스레터를 2부 넣어서 "친구에게도 전달 부탁드립니다"라고 하는 것도 한 방법입니다.

⑥ 상품에 대한 고객 교육이 이뤄진다

'고객을 교육시킨다'라고 하는 점은 상당히 중요합니다. 하지만 절대로 쉽지 않은 과정입니다. 그렇다고 교과서 같은 뉴스레터로 고객을 교육할 수는 없는 노릇이니까요. 모두, 교과서는 그다지 좋아하지 않기 때문이죠.

여기서 171~172페이지를 참고하시기 바랍니다. 이 사례는 파일드 액티브(현 주식회사 프로 액티브)의 뉴스레터입니다. 이 회사는 상품을 소개하기 이전에 어떻게든 고객을 교육해야 합니다. 그렇다고 모든 상품을 일시에 교육하는 것은 무리겠죠. 이는 역사 수업에서 조몬시대[19]부터 쇼와시대까지의 역사를 한 번에 설명하는 것과 같습니다.

그런 무리를 덜어내기 위해 뉴스레터를 활용해 중간중간에 고객을 교육하면 좋습니다. 그렇게 하면 어느 사이엔가 상품에 대한 지식이 붙게 됩니다.

인간은 지식을 장착하게 되면 가지고 싶은 욕망이 생깁니다. 그리고 다른 사람에게 설명하고 싶은 욕구가 생깁니다. 즉, 고객이 여러분 회사의 영업맨이 될 수 있다는 것입니다. 이렇게 고객에게 자연스럽게 지식을 전달하면 그 뉴스레터는 성공하게 됩니다.

⑦ '여기에 내가 있을 곳이 있다'라고 고객이 느끼게 된다

요즘은 커뮤니티 의식이 희박해지는 것 같습니다. 가족관계나 회사의 동료의식 같은 것도 희미해지고 있죠. 그런데 그 반동으로 커뮤니티에 속하고 싶다는 욕구가 점점 강해지고 있는 것도 사실입니다. 역으로 말하면, 고객이 원하는 커뮤니티를 제공하면 고객은 어지간하면 이탈하지 않는다는 이야기가 됩니다.

---

19) 조몬시대 : 일본의 신석기 시대입니다. - 역자 주.

금단의 세일즈 카피라이팅

안심 푹 메시지
안녕하세요!

TOPICS 1

하코네 역전 마라톤도, 인생도 버틴 사람이 이긴다? 떨어져도 기죽지 말고 열심히 달리자?!

고마대 꽃의 2구 카미야 노부유키에게 가르침을 받은 것

잘 지내고 계신가요? 감기는 괜찮으신가요?

갑작스러운 일이지만 어떤 계기가 있어서 저는 올해 설날부터 건강과 체력 유지를 위해 주 1회 달리던 (7km) 것을 40세를 눈앞에 두고 주 4회 달리기로 결심했습니다. 지금 약 한 달 정도 지났는데 어찌어찌 **'계속 달리고'** 있긴 합니다. 이제 습관처럼 몸에 익어 괜찮아졌습니다. 이 **'계속'** 뭔가를 한다는 것을 인간은 제일 힘들어합니다. 작심삼일이라는 말이 괜히 나온 게 아니겠죠.

올해 하코네 역전 마라톤의 꽃의 2구. 그곳은 쥰대 에이스의 타카하시(3년)과 고마대 에이스 카미야(2년)의 일대 대결이 일어나고 있습니다. 여기서 격차를 벌린 학교가 '우승'에 근접하게 됩니다. 타카하시(호토쿠학원 졸), 카미야(니시와키공고 졸) 모두 효고현 출신으로 저와 출신이 같습니다. 그래서 둘 다 개인적인 마음도 있고 해서 똑같은 파일드 상품의 응원을 제공하기로 했습니다.

두 사람 모두 솔직하고 근성 있는 젊은이인데 '달리는 자부심'만큼은 대단히 높아, 그것이 두 사람의 자신감이라고 생각합니다. 타카하시가 3년의 고집으로 몇 번인가 튀어나왔고, 카미야도 이에 지지 않고 바싹 따라붙고 있습니다. 한번은 10m 이상의 격차가 벌어진 것을 오오야기 코치의 지도로 끝까지 따라붙어 이를 악물고 전력 질주를 했습니다. **그런 광경을 보고 저는 크게 감동했습니다.**

보통은 10m 격차가 벌어지면 그것으로 종료. 99%의 선수가 포기합니다. 그런 상황에서 카미야는 절대로 포기하지 않고 따라붙어 결국 마지막에는 거의 동시에 타카하시를 다음 주자로 떨어뜨리는 것이 가능해졌습니다. **이 지점이 34년 만에 첫 우승을 할 수 있었던 고마대 승리의 분기점이 됐다고 저는 생각합니다.** 하코네 역전 마라톤 5일 전에 그가 "올해는 컨디션이 좋습니다. 다른 사람에게 절대로 질 수 없습니다"라고 한 것이 크게 인상에 남아 있습니다. 1년 동안 최고의 실력을 위해 노력한 것. 작년에 대역전을 경험하고 2위에 머물렀던 슬픔. 이 모든 것이 그날, 카미야의 '혼신의 질주'에 담겼다고 생각합니다.

절대로 질 수 없다! 포기하지 않는다! 계속하는 것은 힘이다! 노력은 반드시 보상받는다! 이런 점을 젊은이한테서 배운 것입니다. **달성하고 싶은 염원을 '행동'으로 연결해, '지속하는 것'. 그리고 포기하지 않는 것.** 회사 업무, 공부, 스포츠, 다이어트, 건강 유지, 회복, 이 모든 것에 통용되는 것입니다. 계속 달리는 사람은 하느님으로부터 보상이 주어집니다. 자, 오늘부터 2일에 한 번 아침 러닝을 시작하겠습니다. 파이팅!!

계속 이어집니다 ▶

TOPICS 2

설문조사에 많았던
질문에 대답합니다.

PART V

지금 기다리고 있는 점심시간을 활용해 아이디어를 내주세요.

– 몸에 쓰는 파일드 제품 활용법 –

파워목욕타월

아기 또는 반려동물의 깔개로 활용해도
좋습니다. 잠도 잘 자고 건강해집니다.
반려동물은 여기에서만 잠을 자려고 할 거에요.

무릎 서포터

잠을 자거나 골프를 칠 때 무릎이 아픈 사람은
꼭 착용해주세요. 착용하는 것으로 더 이상
아프지 않게 된 사람이 많습니다.

인로션

햇볕에 피부가 타기 전에
발라놓으면 통증이 적어집니다.
햇볕에 탄 후에도 발라놓으면
훨씬 편안해집니다.

인크림

관절이나 뼈가 아픈 것은 그 부분의 림프가 정체되어 있기
때문입니다. 반신욕을 하기 전에 인크림을 듬뿍 묻혀
손가락으로 문지릅니다. 있었던 통증이 상당히 개선
됩니다. 3일 정도 지속하면 결과가 더욱 좋아집니다.

해외여행을 떠나는 비행기
안에서도 다리에 인로션을
바르면더욱 편안해집니다.
물론 여행 중에도 좋습니다.

롱레깅스

미용사, 오래 앉아 있는 사람 등
한 자세로 오래 있는 사람들의
다리 부종을 풀어줍니다.
피로 회복에도 최고입니다.

등산 또는 긴 대화에도
좋습니다. 다리의 통증
예방에 필수품입니다.
비행기 기내에서 다리
부종 예방에도 좋습니다.

사우나를 할 때도 바르면
평상시의 두 배 이상 빨리 땀이
배출됩니다. 다이어트 효과가
있을지도 모릅니다.

티타늄 벨트

종아리 등 다리가 붓고 아프기
쉬운 곳에 하면 편안히 잠을
잘 수 있습니다.
다음 날 상쾌하게
일어납니다.

티타늄 테이프

본인의 벨트 뒷면에 원형 티타늄
테이프를 붙여서 수제 릴렉스 티타늄 벨트를
만들 수 있습니다.

안쪽

여기에
붙이기

모자 안쪽에 포물선
모양으로 붙입니다.
뇌를 릴렉스하게 하고
활성화시켜 알파나
오메가파가 나와
집중력이 올라갑니다.
수험대책의 비법이
될 수 있습니다!!

엉덩이의 들어가는
지점에 붙이면
치질의 고통에서
해방됩니다?!

아이의
허리와 가슴에
둘러주면
호흡이 좋아집니다.
감기에 걸렸을 때도
사용할 수 있습니다.

입덧이 심할 때,
진통이 심한
임산부에게도 사용
할 수 있습니다.
태어날 아기의
정서 안정에도
좋습니다.

휴대전화의 빈 공간, 또는 충전기에 붙입니다.
그러면 전자파가 줄어들어 통화감이 좋아집니다?!

반려동물의 복대 대신
사용할 수 있습니다.
상당히 상태가 호전됩니다.

(원문 그대로)

172   금단의 세일즈 카피라이팅

그렇다면 어떻게 해야 고객에게 커뮤니티를 제공할 수 있을까요? 가장 간단한 것은 뉴스레터에 '이달의 고객 코너' 같은 것을 만들어, 지면에 고객을 등장시키는 것입니다. 거기에 '이달의 생일' 코너를 만들어보세요. 여기서는 생일을 맞은 고객을 축하해줍니다. 이런 식으로 뉴스레터라고 하는 지면 위에서 커뮤니케이션을 할 수 있게 만들면 됩니다.

우리 실천회에서 시행하고 있는 '사장님 아카데미상'[20]도 그런 의미에서 우리끼리의 커뮤니티를 활성화하는 장치로서의 실천입니다. 이렇게 게임 방식을 차용해 커뮤니티를 활성화하면 의외로 급속도로 커뮤니티의 결과가 강해지는 것을 알 수 있습니다.

⑧ 캠페인을 생각할 필요성에 직면한다

매달 뉴스레터를 발행하다 보면, 상당한 비용이 발생합니다. 어차피 뉴스레터를 만드는 것이라면 상품 '팔기'를 시도하고 싶어집니다. 그것은 어찌 보면 당연한 일입니다. 하지만 뉴스레터 안에서는 되도록 팔기를 시도하지 않는 것이 좋습니다. 최대의 목적은 물건을 파는 것이 아니라 신뢰를 얻어 고객의 이탈을 방지하는 것이니까요.

---

20) 사장님 아카데미상 : 107페이지 각주를 참고하세요.

그런데 뉴스레터의 본문과 캠페인의 정보를 별도로 작성하는 경우는 물건 판매를 시도하는 것도 괜찮습니다. 그 이야기는 뭐냐면, 뉴스레터의 본문은 익숙한 내용만 취급하고, 뉴스레터와 별도의 지면으로 물건을 파는 내용이 적힌 전단지를 만드는 것입니다. 그 전단지를 뉴스레터 사이에 끼워놓는 거죠. 이것이 베스트입니다.

지금까지 여러 테스트를 실험해봤지만, 뉴스레터에 제품을 파는 내용이 들어가 있는 경우보다는 별도의 전단지에 그 내용을 넣고 뉴스레터에 삽입한 경우가 고객들에게 더 높은 반응률을 얻었습니다.

지금까지 뉴스레터의 8가지 효능을 알아봤습니다! 사실 더 많은 효능이 있지만, 이 정도로도 할 수 있겠다는 생각이 들었는지 모르겠습니다. 중요한 것은 우선 시작하는 것일 테니까요.

특별히 문장을 잘 써야겠다고 할 필요는 없습니다. 페이지 수도 적어도 괜찮습니다. 예를 들어, 175페이지의 시계에다 골프의 뉴스레터는 A4용지 1페이지 분량밖에 되지 않습니다. 게다가 손 글씨이고, 보기에도 썩 편한 뉴스레터가 아니죠. 하지만 그 부분이 의외로 좋게 느껴지기도 합니다. 그래도 정보가 전달될 것은 다 되고 있으니까요.

결국 시계에다 골프도 이 뉴스레터 덕분에 지금까지 팔리지 않았던 고가의 드라이버가 팔렸습니다. 뭔가 읽기에 좋은 뉴스레터를 만들려고 마음먹은 순간, 일은 커집니다. 그러니까 우선은 먼저 편안하게 써보는 연습을 시작합시다.

뉴스레터를 쓰려고 마음먹었을 때, 저에게 다들 이런 질문을 던지곤 합니다. "뉴스레터는 어느 정도의 기간을 두고 발행하면 되나요?" 그러면서 이렇게 말합니다. "매달 발행하는 거 말고, 3개월에 한 번 정도는 어떤가요?" 그것은 뉴스레터를 너무 쉽게 보는 거겠죠.

통신판매의 경우, 뉴스레터를 연간 4회 발행할 때보다는 연간 6회 발행하는 것이 매상이 오릅니다. 연간 6회 발행하는 것보다는 연간 12회 발행하는 것이 더 좋고요. 실천회 회원 중, 어떤 회사는 한 달에 4번이나 어떤 형태로든 고객에게 연락을

안녕하세요. 여러분. 이번 회부터 골프 두근두근 통신을 발행하게 됐습니다. 단 1장의 삐뚤삐뚤한 편지이지만, 시게에다 골프의 정보교환의 장으로서, 또 교류의 장으로서 여러분이 "이제는 지겹다. 더 이상 필요 없다"라고 할 때까지 발행할 예정입니다. 여러분께서는 골프 이외의 취미를 위한 회원 모집과 소식 등을 교류하는 장으로도 부디 편안하게 이용해주시기 바랍니다. 지면이 허락하는 한 저는 실행하겠습니다.

먼저, 간단한 자기소개부터 하겠습니다.

이름은 시게에다 와타루(重枝渉).
혈액형은 AB형.

없이 하고 있습니다. ② 꽤 적당한 면이 있습니다. (어떤 면에서는 실례를 범하고 있다는 점, 꽤 많다고 생각합니다. 용서해주세요. 제 칠칠입니다)

이런 점에서 이번 모임을 길게, 재미있는 모임으로 만들고 싶습니다. 여러분의 협조 부탁드립니다.

◎ '흥미진진 두근두근'
21세기를 향한 이번 모임의 키워드입니다. 저는 4~5년 전부터 골프를 하기 전날 밤에는 반드시 클럽이나 골프 장갑, 볼, 티 같은 것을 전부 꺼내서 바닥에 깔끔하게 나열합니다. 클럽을 깨끗하게 닦고, 볼이나 티, 골프 장갑의 관리를 하면서 두근두근합니다. 제 집사람은 그런 제가 한심한지 별말은 안 하더군요.

---

* 원서도 원문 좌측 하단의 글이 잘려 있어 우측의 내용 연결이 매끄럽지 않음을 알려드립니다. – 편집자 주.

취하려고 노력합니다. 그렇게 하는 이유는 연락 빈도를 높이면 높일수록 매상이 오르기 때문입니다.

　요약하면, "매상을 올리려면 뉴스레터의 발행 빈도를 올려라"입니다. 정 글쓰기에 자신이 없다면, 회사의 여성 직원에게 업무를 주는 것도 한 방법입니다. 사실 남성은 문장 실력이 여성들보다 떨어지기 때문입니다. 그런데 여성들은 재미있는 것을 찾는 데 선수라서 흥미진진한 문장을 쓰는 데 실력이 좋은 사람들이 많습니다.

　직원도 문장 실력이 별로라면 차라리 외주를 주는 것도 좋습니다. 하지만 외주를 준다고 해도 뉴스레터의 내용 본문은 본인이 고안해야 합니다. 여러분의 뜻이 그대로 전달될 수 있도록 해야 하며, 일반적인 내용(교과서적인 내용)은 되도록 쓰지 않는 게 좋습니다. 가장 큰 문제는 진부하고 지루한 뉴스레터를 발행하는 것입니다.

　재미있는 뉴스레터를 만드느냐, 만들지 못하느냐는 노력에 달려 있습니다. 미리 말씀드리지만, 처음에는 누구나 고전을 면치 못합니다. 하지만 노력하면 할수록 그만큼의 효과는 절대적으로 따라오게 됩니다.

금단의 세일즈 카피라이팅

03 뉴스레터를 통해 '단기간에' 비즈니스를 안정시키는 방법
회사가 독립할 때 유효한 테크닉

· ·

'자기(자기 회사)의 일을 고객에게 자세히 알려주어 신뢰를 얻는 방법은?' 이는 독립기업의 난제이기도 합니다. 이 문제를 해결할 방법으로 뉴스레터를 활용한 사례가 있습니다. 한 번에 고객의 신뢰를 획득해 단기간에 비즈니스를 안정시키는 방법을 알아보겠습니다.

● 독립 후 90일 안에 궤도에 진입하는 방법!

실천회에 입회한 어느 독립기업이 있습니다. 2년 사이에 스와 지방 최고의 공방점 오너로 우뚝 선 사람이 누구냐고 물으신다면, 엘하우스의 슈퍼 사장인 히라이(平) 사장입니다. 업계 신문에서는 세키스이, 미사와 등의 대기업 주택 브랜드와 어깨를 견주는 것으로 그를 평가하고 있죠.

히라이 사장은 주택업계의 판도를 바꾼 영웅입니다. 그 히라이 사장에 이어서 독립을 한 남자가 또 있습니다. 알홈즈밝은 주식회사의 아베(安倍) 사장이 바로 그 인물입니다. 아베 사장은 처음 독립할 당시, 불안한 마음에 저를 찾아와 상담받았습니다. 그의 실력을 봐서는 불안해할 이유가 없었는데도 불구하고, 상당히 예민한 상태였습니다.

저도 독립할 당시에는 '아, 난 더 이상 안 되겠어!'라고 생각한 적이 있습니다. 그런데 그런 직후에는 상당히 멋진 결과가 기다리고 있었습니다. 불안이라는 것은 그다음의 성공을 극적으로 연출하는 효과가 있습니다. 그래서 저는 아베 사장에게 이렇게 말했습니다.

"만약 불안이 하나도 없이 아주 쉽게 일이 해결된다면 직원들은 뭐라고 생각할까요? 그것이 회사로서 좋은 일일까요? '이 역경을 우리의 힘으로 뛰어넘었다'라는 체험을 공유하는 것과 쉽게 넘어가는 것 중에서 어느 것이 지금 시점에서 중요한 것일까요? 만약 회사의 결과물을 높이고 싶다면, 지금의 불안을 어떤 방식으로 활용할 수 있나요?"

해답은 간단합니다. 불안은 성공을 위해서 존재하는 것입니다.

금단의 세일즈 카피라이팅

아베 사장의 후보 작품에는 어느 업계에서도 활용할 수 있는 지점이 있습니다. 중요한 지점, 새로운 지점을 설명하면 다음과 같습니다.

1. 신뢰성이 없던 회사가 신뢰성을 얻는 방법 ①

고객센터의 활용

180페이지에 있는 광고 서두의 표현은 그야말로 멋진 문장입니다. "소비자 고충 센터 전화 029-225-○○○○로 소송 바랍니다"라고 하는 표현 말이죠. 이 문장은 확실하게 고객의 눈에 띕니다. 그와 동시에 '여기까지 각오하고 있는 회사라면 어떤 기업인지 알아봐야겠다'라는 흥미도 생깁니다.

이런 표현은 독립기업일 때에 확실한 효과를 거둡니다. 실제로 소송을 당하면 어떡하냐고요? 아닙니다. 소송을 당하는 경우는 생각보다 적게 일어난다고 볼 수 있습니다. 그리고 실적이 나오는 대로 취소를 하면 되기 때문에 현실적으로 큰 문제가 일어나지는 않습니다.

2. 신뢰성이 없던 회사가 신뢰성을 얻는 방법 ②

사장이 전면에 나서기

사장의 얼굴 사진이 나오고 "사장인 저를 까다롭게 시험해주세요"라고 하는 표현은 화장품 샘플을 제공하는 광고의 제목인

"먼저 까다롭게 시험해주세요"라는 표현을 차용한 것입니다.

여기서 사장이 "도망가지도, 숨지도 않겠습니다"라고 선언
하는 접근법은 이제 막 창업한 기업 입장에서는 상당히 효과적
인 태도입니다. 일반적으로 고객은 '문제가 생기면 사장은 도
망가는 거 아니야?'라고 생각합니다. 그래서 '얼굴이 드러나지
않는 기업'은 불리합니다.

금단의 세일즈 카피라이팅

3. 팔아야 할 대상이 명확

광고의 서두에 "35평 정도의 4LDK를 1,500만 엔 이하의 예산으로 계획하고 있는 독자 여러분께"라고 하며 모으고 싶은 고객을 한정하고 있습니다. 고객을 모으는 행위는 이런 식으로 '모으고 싶은 고객의 선'을 명확하게 하는 것입니다. 그렇게 하지 않으면 효율적인 결과를 기대할 수 없습니다.

그런데도 대부분의 광고는 '모든 고객'을 대상으로 하려고 합니다. 그렇게 하면 상품을 설명하는 것으로 그 광고는 끝나버리게 됩니다. 아베 사장의 광고 목적은 '35평 정도의 4LDK를 1,500만 엔 이하의 예산을 계획하고 있는 사람에게 한정'하는 것에 집중하고 있습니다. 이렇게 광고는 목적을 하나로 규정하는 것이 좋습니다. 그러면 고객의 반응이 높아집니다.

4. 당신의 상상을 뛰어넘는 ○○을 제공

미국의 광고를 보면, 이 표현은 상당히 오래전부터 사용되어 온 것을 알 수 있습니다. 생각보다 쉽게 고객의 반응을 얻을 수 있는 표현입니다.

예 : "당신의 상상을 뛰어넘는 맛이 여기 있습니다."

"당신의 상상을 뛰어넘는 집이 여기 있습니다."

5. 행운의 활용

아베 사장은 주택공부회의 광고도 내고 있습니다. 방문 기념을 위한 무료증정 '해바라기 리스'는 경품으로 아주 효과적입니다.

보통은 우리가 생각하는 것 이상으로 사람들은 '행운'을 좋아합니다. 노란색 지갑은 팔리고 또 부적과 같은 스티커도 잘 팔립니다. 신사에 가면 많은 사람이 부적을 사서 집으로 돌아오곤 하죠. 집 인테리어를 할 때 풍수에 신경을 쓰는 사람도 제법 있습니다. 이런 내용을 비디오로 만들거나 세미나를 하면 반응이 꽤 높습니다.

그러니 당연히 행운이 깃든 경품을 활용하면 가망고객의 반응도 올라간다는 것을 알고 있어야 합니다.

6. 먼저 '좋은 사람'이 철저하게 되기

183페이지의 캐주얼 세일의 전단지를 살펴봐주시기 바랍니다. 자선 이벤트를 개최해서 주택 판매의 고객 모으기를 하고 있습니다. 목적은 "아베 사장은 좋은 사람이다"라는 것을 알리는 것이죠.

방문한 고객에게 자연스럽게 계약을 성사시키기 위해 '첫 만남에는 판매하지 않는다'라는 태도를 보이면 반응률은 오히려 크게 올라갑니다. 먼저, '좋은 사람'이라는 인상을 심어줍니다.

좋은 사람이 되는 것은 생각보다 간단합니다. 무언가 물건을 주고 목소리를 내지 않습니다. 그저 그것만으로도 충분합니다. 그러면 이상하게 주문이 들어옵니다.

물론 치과의사나 학원처럼 '고객이 비교적 필요성을 가지고 구입하지 않으면 안 되는' 서비스의 경우는 고객에게 역으로 구매를 유도하는 행위가 필요합니다.

(원문 그대로)

하지만 주택처럼 고객의 필요성보다 욕구가 강한 상품인 경우에는 첫 만남에서 자료 또는 경품을 주는 등의 이벤트를 개최하는 것 정도로 만족하는 것이 좋습니다. 물건을 주고 나서 바로 영업맨이 전화하면 고객은 거부감을 느끼게 됩니다. 물건을 주기 전에 영업맨과의 접점을 확보하는 것이 더 좋습니다.

아베 사장은 "사장님 아카데미상을 히라이 사장 대신에 수상합니다!"라고 말하며 독립했습니다. 선배를 따라잡아 추월하세요! 응원합니다. 밝은유한회사!

04 뉴스레터를 엔진으로 삼는 방법

그 어떤 비즈니스에도 통용되는 여러 아이디어

DM 아니, DM 이상으로 각 회사의 개성을 보여줄 수 있는 도구가 바로 뉴스레터입니다. 여러 장치를 통해 숨어 있는 독자(고객)를 팬으로 만드는 것이 뉴스레터의 사명이라고 할 수 있습니다. '여러 장치'라고 하는 것을 제대로 알려면 이 사람, '지지야'의 아키타케 사장님을 다시 소환해야겠군요.

● 실천회 노하우를 실천하는 회사의 뉴스레터

다음은 '지지야'의 아키타케 사장이 발행하고 있는 뉴스레터입니다. 이 뉴스레터를 상세하게 파악하고 분석하는 것은 상당히 유익한 공부입니다. 잘 쓰인 문장도 그렇지만, 그의 매장에서 하는 여러 가지 일들이 이 뉴스레터와 연동해 있다는 것을 알 수 있습니다. 그 어떤 비즈니스를 하더라도 이 뉴스레터를 통해 많은 힌트를 얻어갈 것으로 생각합니다.

아키타케 사장이 실천하고 있는 노하우를 설명하면 다음과 같습니다.

1. 매스컴에 등장해 무료로 광고하면서 심지어 기자를 팬으로 만들기

1999년 당시, 아키타케 사장은 빚 때문에 곤란에 처해 있었습니다. 채무에 시달리면서 보증을 위해 출점한 창고가 폐쇄됐습니다. 이를 타개하려면 단기간 안에 고객을 모아야만 했습니다. 게다가 돈도 쓸 수가 없습니다. 그렇게 고민하는 사이, 한 아이디어가 떠오릅니다.

지지야의 출발 매장이기도 한 모지 레트로타운은 실은 바나나 투매의 발상지이기도 했습니다. 아키타케 사장은 모지 지방의 특징을 공부해 관광객을 모아, 관광객을 자신의 매장으로 불러들이는 2가지 전략을 세웠습니다.

보통의 바나나 투매로는 아무도 주목하지 않을 거라고 예상했습니다. 그는 바나나 형태의 탈을 쓰고 투매를 개시했습니다. 그렇게 바나나를 파는 자신을 매스컴에 스스로 노출해 매스컴 출연 횟수를 40회가 넘을 정도로 전력투구했습니다. 그 과정에서 이를 취재한 기자가 지지야의 팬이 되어 지지야를 선전하기에 이릅니다.

금단의 세일즈 카피라이팅

지지야의 뉴스레터는 라디오, TV에 종사하는 사람들(퍼스널리티)이 직접 쓴 원고도 있어, 아키타케 사장이 매스컴을 상당히 잘 활용하고 있다는 점을 알 수 있습니다(188페이지 참고).

2. 컴퓨터 글씨와 손 글씨의 조합

뉴스레터든, 세일즈레터(팔기 위한 편지)든 문자를 손 글씨로 변환하면 그 톤이 확 바뀝니다. 일단 문자가 부드러워지면 읽기가 쉬워집니다. 그리고 강조를 이어서 할 수 있습니다. 이 뉴스레터에서 손 글씨 부분을 삭제하면, 그다지 친근감이 느껴지지 않는 뉴스레터가 된다는 것을 상상해볼 수 있습니다.

세일즈레터를 여러 번 낼 경우에는 두 번째 레터를 발송할 때, 첫 번째 세일즈레터의 문구 위에 펜으로 손 글씨를 덧붙여 쓴다든가, 밑줄을 그어서 장식하면, 전혀 다른 느낌의 새로운 감각을 뽐낼 수 있게 됩니다(189페이지 참고).

3. 무료 특전으로 고객을 충성고객으로 만드는 방법

이 뉴스레터 속에는 '지지라~즈 뉴스'라는 지면이 있습니다(190페이지 참고). '지지라'는 지지야의 고객들을 일컫는 말입니다. 지지라가 되기 위한 별도의 자격이 있는 것은 아닙니다만, 아무튼 지지야는 자신들의 팬이자 고객을 '지지라!'라고 부르고 있습니다.

돌격! 바나나맨 통신

이 페이지는 모지항에서 활약하고 있는 ○○ 님께서 기고해주고 계십니다!

퍼스널리티
○○의 이건 알고 있나? 토크

'뉴스'의 어원은 무엇일까요?

거기에는 다음과 같은 설이 있다는 것을 알고 계셨나요?

먼저 '동서남북'의 방향 설입니다. north(북쪽), east(동쪽), west(서쪽), south(남쪽)의 각각 첫 글자를 따서 news가 탄생했다는 설입니다. 확실히 북에서 남쪽, 동쪽에서 서쪽 등 여러 방면에서 정보는 취합되고 있으니까요. 또 다른 설은 '새롭다'라는 new라는 형용사를 사용해 news가 됐다는 설입니다. 매일의 새로운 정보는 밤에도 우리에게 전달되고 있기 때문이죠. 어떤 것이 진짜인지는 모르겠지만, 우리들의 생활에 '뉴스'가 크게 차지하고 있는 것은 사실입니다. TV나 라디오에서 뉴스를 읽고 있는 캐스터들은 그저 원고를 읽고 있는 것처럼 보이지만, 상당한 고생을 하고 있습니다. 원고가 특히 손 글씨인 경우는 최악입니다. 날아가는 글씨로 쓰는 사람의 원고는 도무지 읽을 수가 없습니다. TV의 경우는 표정에도 신경을 써야 합니다. 얼굴은 되도록 움직이지 않은 상태에서 활짝 웃을 수도 없고, 헤어 스타일에도 신경을 써야 합니다. 늘 긴장감을 느끼면서 말하고 있죠!

같이 생각해봅시다.

마음의 그릇이란?

마음의 그릇은 무엇으로 만들어져 있다고 생각하시나요? 저는 '은'이라고 생각합니다. '은'은 닦지 않으면 검게 변하고 맙니다. 반대로 닦으면 닦을수록 깨끗하게 빛이 나죠. 열을 통하면 뜨거워지기도 합니다. 그만큼 '마음'이라는 것은 환경에 따라 바뀌기 마련입니다. 하지만 그 '마음'은 닦는 것만으로 괜찮은 것이 아닙니다. '마음'은 사용하지 않으면 안 됩니다. 느끼고, 고민하고, 웃고, 괴로워하고. 어디서 어떤 상황에서도 받아들이는 훈련을 하다 보면 단단한 마음으로 성장할 수 있습니다. 그렇게 되면 빛이 나는 아름다운 '은 그릇'이 될 수 있습니다.

모지녀 T셔츠 발매 중

레트로 모지항 해협 플라자
오르골관 2층
T/F ○○○○○○
1,900엔 M/L 사이즈
지지야의 프리다이얼 ○○○○○○에서도 주문 접수 중

프로필
- 서련사 스님
  인터넷 일일법회, 강연회 등 폭넓게 활동 중
- 퍼스널리티
  ○○을 거쳐 TV, 라디오, 사회자로 활동 중
- 도가
  1996년 이래 모지항에서 매년 바꾼 주제로 전시회 활동 실시
  http://○○○○○○○○○○○

(원문 그대로)

금단의 세일즈 카피라이팅

이 매장은 강력하게 추천하기 때문에 한 번을 들려봐 주십시오. "에? 이런 게 있었다고?" 하는 느낌의 매장입니다.

모지항의 재미있는 매장! 고집스러운 매장! (란도호~)
소중한 기념일을 연출해온 지난 65년

아, 무엇으로 하지?'

소중한 그를 위한 선물은 그가 소중하면 소중할수록 고민스럽습니다. 생일이나 결혼식, 가족의 축하 자리. 평범한 선물은 싫고, 그렇다고 고가의 선물을 하기도 좀 그렇죠.

'나다운 느낌의 선물'

그럴 때 활약하는 선물이 '란도호~'입니다.

1937년에 창업할 때 시계점으로 출발했습니다. 지금까지 여러분의 기념일을 연출해온 매장이죠. 당시의 모지항은 화려했던 '대정 로망' 시기였습니다. 일본에서도 유수의 무역항으로서 활약했기 때문에 멋을 아는 신사나 귀부인들이 자주 출몰하기도 했습니다.

명품이나 해외에서의 수입품 등, 당시의 고장 난 시계를 정확하게 수리할 수 있는 기술력은 당시의 모지항을 방문한 외국인들에게까지 신뢰를 얻어 상당한 지지를 얻었습니다.

→ 모지항다운 모습을 알리는 문구

'실용성과 기능성. 거기에 스타일의 아름다움과 희소가치를 소중히 하는 미의식의 추구'

그 당시로부터 내려져 오는 이 정신은 지금도 란도호~의 정신으로 이어져 내려오고 있습니다.

자, 여기까지 저희의 소개를 마칩니다. 문제는 바나나맨의 시점으로 봐서 어떻게 대단한 매장인가?

① 이 매장은 고객을 울립니다

뭐라고요? 절대로 괴롭히는 것은 아닙니다. 이 매장은 시계, 보석, 안경과 더불어 "여기밖에 없다"라고 하는 품목들이 진열되어 있습니다. 그중에서도 '주문자 생산방식'의 쥬얼리는 감동 그 자체입니다. 예를 들어, 결혼반지를 주문해서 제작할 수 있습니다. 그렇게 생산된 제품을 보면, 그 자리에서 너무 기뻐서 눈물을 흘리는 고객들이 있습니다. 자신이 생각한 물건이 그대로 탄생하는 기쁨은 본인밖에는 알 수가 없겠죠. 이 매장은 고객의 염원을 그대로 이뤄주는 매장입니다.

② 이어지는 선물

어쩔 수 없이 스스로 선물을 결정할 수 없는 사람이 "뭔가 괜찮은 게 없을까요?"라며 구원의 손길을 잡아달라고 요청할 때가 있습니다. 이런 일은 어느 잡화점을 가도 있는 일이겠죠. 하지만 말입니다. 그것이 고객의 만족을 부르고, 다음 손님에서 다음 손님으로 계속 이어진다면? 란도호~이기 때문에 기술과 미의식, 그리고 개성을 모두 손에 넣을 수 있습니다. 소개받아 오신 분들은 대부분 이렇게 말씀하십니다. "아~ 이런 선물이 받고 싶었어요! 그전에 알았더라면!"

③ 전국에서 고객이 모여들다

물론 레트로에는 전국에서 오시는 관광객들이 있지만, 여기에 방문하시는 고객님들은 레트로를 별로 신경 쓰지 않습니다. 왜냐하면 란도호~를 목적으로 여기를 방문하시기 때문입니다. 최근에는 인터넷 등으로 찾아서 오시는 분들도 계시죠. 이런 개성 넘치는 매장은 대단합니다. 레트로라고 하는 관광객에 기대지 않고 자력으로 전국에서 고객을 끌어모으는 힘이 있으니까요. 대단합니다!

이런 이유로 이번에는 여러분의 기념일을 멋지게 연출해줄, 숨어 있는 란도호~를 소개해봤습니다. 가벼운 마음으로 매장에 방문해보시는 게 어떨까요.

유한회사 이시마루시계점 란도호~ 모지항 1937
대표자 : 이시마루 토모키(石丸朋樹)
우 801-0863 후쿠오카현   이시랑
키타큐슈시 모지구 사카에마치 1-21
개점 : 오전 10시
폐점 : 오후 7시 30분
전화, 팩스 : 093-332-0005
메일 : llandoho@sirius.ocn.ne.jp

취급상품
쥬얼리 : 일체
시계 : 해밀턴
안경 : 가와사키 카즈오
(川崎 和男) 디자인
담뱃갑 : 더글러스사 론손

매주 쇼윈도에는 계절을 알리는 꽃이 장식됩니다.

(원문 그대로)

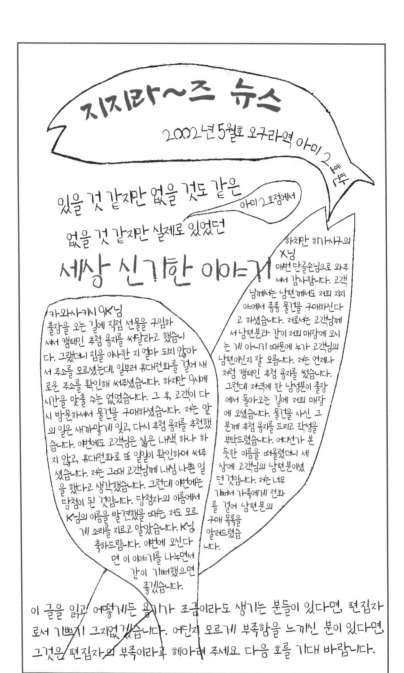

(원문 그대로)

지지라가 되면 일단 우대혜택이 주어집니다. 무려 중간 이름인 '지지'를 획득하게 되는 것입니다. 예를 들어, 간다 마사노리라면, '간다·지지·마사노리'라는 이름을 쓸 수 있도록 허가받게 됩니다. 고객은 신뢰도가 높아지면 높아질수록 이런 말도 안 되는 오퍼에도 따라오게 됩니다.

4. 감성적인 사진

DM에 관련한 감성적인 사진을 게재하는 것은 수많은 회원이 이미 실행하고 있는 일입니다. 하지만 기존 고객에게는 더욱 효과적인 장치입니다(192페이지 참고).

구매하는 행위는 감정을 건드리는 것입니다. 감정의 균형을 깨뜨리는 것에서부터 시작하죠. 분노, 기쁨, 눈물 등의 감정적인 광경을 보여주는 것으로 고객의 반응을 얻을 수 있습니다.

제가 지금까지 실행한 사진은 '안경을 두고 눈물을 흘리는 사진', '머리카락을 있는 힘껏 잡아당겨 화를 낸 사진' 등입니다. 무엇이든 반응은 뜨거웠습니다.

5. 유명인의 활용 – 제삼자의 신뢰성을 유용하는 방법

어쨌든 반응을 올리는 방법으로 더욱 효과적인 것은 매스컴에 게재된 기사, 유명인의 이름, 그리고 유명한 회사와의 거래 실적입니다. "카토리 싱고(香取慎吾)[21] 씨의 극찬을" 이런 표

---

21) 카토리 싱고 : 일본의 유명한 가수이자 배우이며, 아이돌 그룹 SMAP의 멤버입니다. – 역자 주.

현을 아키타케 사장이 몇 번이나 사용하고 있는 것은 그 이상의 효과가 있기 때문입니다(193페이지 참고).

구매 정보 입니다!

감사합니다.

어떤 사람이 말하더군요.

사람은 슬픔이 깊으면 깊을수록

그다음에 오는 기쁨이

아주 크다고요!

재고의 산더미 속에서 울고 있는 사장을 위로 하는 미야모토(宮本)

여러분 정말 감사합니다~!

이렇게 말해도 이 편지를 읽고 있는 사람은 먼 지방에 사는 사람이 많아서 뭐가 뭔지 잘 모를 것으로 생각합니다.

먼저 이 기사를 읽어봐주세요 →

이것은 저번 달인 5월 11일 〈아사히 신문〉에 게재된 '지지야의 비극' 기사입니다.

사실 저번 **골든위크는 그야말로 비, 비, 비의 연속** 이었습니다. 그 덕에 전년 대비, 여기에서 3년 개업한 이래, 130% 이상의 매출을 올렸던 '슈퍼 건어물 가게' 지지야가 무려 골든위크 중에 작년보다 40%나 매출이 떨어진 것입니다. 으흐흑….

지지야처럼 작은 매장이었기에 다행이지, **유니클로 처럼 큰 회사였다면 바로 '사장 교체'**였을 것입니다.

기사 그대로 예측한 매상보다 450만 엔 분량의 물건이 재고로 남아버렸습니다. 아~, 신이시여….

대체 어떻게 하면 될까요? … 그런데 말입니다! 말도 안 되는 일이 벌어진 것입니다! 후후후~ … 그게 어떻게 된 것이냐면 말이죠.

대체 앞으로의 지지야는 어떻게 되는 것일까요!?

다음 페이지로→

(원문 그대로)

휴우~, 다 했습니다! 완판!

지역 주민 여러분! 감사합니다! 감사 또 감사합니다! 신문 광고의 효과도 있고, 대부분의 재고를 모두 판매했습니다. 이 감사의 마음을 담아 **멀리 계신 분들에게도**

'울며 겨자 먹기 세일'을 개최합니다~!

여러분이 살려주신 지지야이기 때문에 이번에 오지 못하신 분들을 위해 이 기쁨을 나눠드리려고 합니다. 사실은 "근처에 있는 사람들한테만 하는 거잖아!"라고 듣는 게 괴로워서요….

→ 엄청 맛있다!

그럼 내용을 소개해드리도록 하겠습니다. **카토리 싱고 씨가 극찬한 '이와시 전병'** 이것을 대방출하고자 합니다. 울며 겨자 먹기로 같은 가격으로 세일합니다. 통 크게요!

많이 사면 저렴해집니다! 이런 식으로 말씀드리고 싶네요.

냠냠 냠냠 에서 마구 드세요

자, 그러면 그 전설의 카토리 싱고가 극찬한 '이와시 전병'을 다시 한번 복습해봅시다.

작년 6월 23일 방송한 후지테레비에서 〈사타☆스마〉에 재즈댄스를 추는 여자분 3명이 출연했습니다. 그때 그녀들이 지지야의 '이와시 전병'을 특산품으로 가지고 나왔는데요. 그 상황을 전달한 편지입니다. ⇒

이 '이와시 전병' 덕분에 엄청난 호평을 받았습니다. 지금은 서리 맞은 전갱이와 함께 지지야의 **대표 상품**이 됐습니다.

중요! 작은 이와시를 펼쳐서 말려, 소금, 간장, 미림 등으로 간을 한 영양 만점의 전병입니다. 물론 칼슘도 풍부해서 어린이부터 나이 드신 분까지 즐기실 수 있습니다.

★ *고객분들의 반응이 엄청 뜨거웠어요~!*
이번에는 이 지지야의 뉴스레터를 읽으신 분들에게만 준비했습니다. 감사의 인사 대방출입니다. 다만 이번 세일에서 완벽하게 적자 상태였기 때문에 상품의 수를 한정합니다. *서둘러주세요!!*

⚓ [한정 100명에 한해서] 헤이세이 14년 6월 15일 소인이 찍힌 우편물까지 접수합니다.

TV에 나왔다! 카토리 싱고 극찬! 그 '이와시 전병'입니다.

> *세로 글씨: 여해섬부 이가기로 이게 전경...*
>
> '카토리 싱고가 극찬한 이와시 전병'
> 여러분은 잘 알고 계시겠지만, 후지테레비에서 〈사타☆스마〉에 이와시 전병을 가지고 출연했습니다. 특산물을 가지고 출연하면 프로그램에서 소개하고 게스트가 시식하는 내용인데, 지지야의 이와시 전병을 드신 카토리 싱고 씨가 "지금까지 먹었던 것 중에 제일 맛있었다!"라고 극찬을 아끼지 않았습니다. 모두가 기뻐한 지지야! 정말 고맙습니다!!

오쿠라 키타구 ○○○○님께서 보내신 편지입니다. 고맙습니다.

비에 무너진 골든위크. **잃어버린 매상을 되살리는 기획! '울며 겨자 먹기 세일'** 문의는 지금 바로! *신청서는 간단합니다!*

기뻐하는 지지야 타이스케

추신 : 많이 구매하시면 구매할수록 이득입니다. 건강에도 좋고, 차를 마실 때 간식으로도 좋습니다. 직장에서는 카토리 싱고가 즐긴 이야기를 나누면서 재미있는 시간을 보내세요! 신청문의는 분홍색 신청서로 지금 바로 부탁드립니다!

씁시다!

(원문 그대로)

이렇게 유명인의 언급, 유명인과의 거래 실적이 있는 경우에는 될 수 있는 한 게재하는 것이 좋습니다. 전단지로 게재하면 문제가 될 수 있지만, DM 등의 폐쇄형인 경우는 사용해도 되는 경우가 많습니다.

6. 고객의 목소리를 대량으로 게재하기

고객의 소리를 대량으로 게재하는 것, 특히 캠페인 상품에 관련한 고객의 소리를 적절하게 이용하는 것이 좋습니다. 그 내용을 고객이 읽느냐, 읽지 않느냐가 중요하겠죠.

그런데 그 정도로 고객의 소리를 게재한다는 것은 그만큼 정기적으로 고객의 소리를 취합하고 있다는 방증이기도 합니다 (197페이지 참고). 특히 중요한 지점은 실명, 나이까지 게재하고 있다는 점입니다. 그리고 뒷면에 고객의 소리 견본이 게재됐다는 점이죠.

"고객의 소리를 모으는 게 힘든 것은 왜일까?"라고 질문을 하는 일도 있습니다. 그 이유는 첫 번째가 '견본이 없기 때문' 입니다. 고객의 소리를 모으는 종이 뒷면에 고객의 소리 견본을 게재하면 그 과정이 더 쉬워집니다.

7. 신청서에서 다시 한번 상품 내용을 확인시키기

신청서는 DM 중에서도 더욱 중요한 부분입니다. 신청서에 고

금단의 세일즈 카피라이팅

객이 주소와 이름을 적으면, 그만큼 매상이 오르기 때문입니다.

신청서 1장만 보고도 상품을 구매하고 싶어지는 욕구가 생길 수 있도록 신청서를 작성하는 공부가 필요합니다. 이를 위해서는 먼저 신청서 자체가 고객이 봤을 때 알기 쉬운 내용으로 작성되어 있어야 합니다. 그리고 내용이 기재하기 쉬워야 합니다.

게다가 신청서는 눈에 띄어야 합니다. 눈에 띄지 않는 신청서를 만드는 것은 매장에 계산대를 두지 않는 것과 같습니다.

어디에 돈을 내야 할지 모르는 것은 구매를 유도하지 않겠다는 것입니다. 신청서를 눈에 띄게 하려면 우선 신청서의 종이를 살짝 두껍게 하는 것이 좋습니다. 그리고 다른 종이와 색을 다르게 쓰는 것이 효과적입니다. 그리고 신청서의 뒤에는 아무것도 기재하지 않습니다. 즉, 한쪽 인쇄로만 활용하는 것이 반응률을 높입니다. 거기에 신청서 위에 상품의 작은 샘플을 부착하면 고객의 반응률은 더욱 크게 올라갑니다.

8. 랭킹 게시로 주문이 쉬워진다

상품이 너무 많은 경우, 인간은 고르는 재미를 선택하기보다, 고르지 않는 즐거움을 선택해버리는 경향이 있습니다. 그렇게 되면 매상이 좀처럼 오르지 않겠죠.

상품이 너무 많은 경우에는 랭킹을 게시하는 것이 효과적입니다. '추천상품', '신제품' 등의 표시를 해서 매상을 올리는 것도 한 방법이겠죠. 일반적으로 선택지가 4개 이상 넘어가면 고객의 반응이 떨어진다고 생각하시면 됩니다(198페이지 참고).

9. 캠페인으로 이어질 것이라는 가능성을 강조

추첨 캠페인을 실행할 경우, 고객의 반응률이 떨어지게 되는 이유가 '맞을 리가 없어'라고 하는 고객의 포기하는 마음 때문입니다. 그래서 아키타케 사장은 계속해서 "여러분도 당첨될 수 있다!"라는 메시지를 끊임없이 내보이고 있습니다. 이런 식으로 고객이 캠페인에 응모하도록 유도하려면 응모를 향한 심리적 장애를 계속 없애줌으로써 반응률을 올릴 수 있습니다.

이 원칙은 캠페인에만 한정되는 것은 아닙니다. 예를 들어, 견적을 내고 싶은 고객이 있다면, 그에 대한 고객의 심리적 장애를 없앰으로써 견적 내는 것을 유도할 수 있습니다. 구체적으로는 '견적을 내면 거절이 어렵다'라는 심리적 장애가 있습니다. 그 심리적 장애를 사전에 없애주는 것입니다.

즉, '견적을 요청하셨는데 거절해도 매우 정중하게 대응해주셨습니다. 다음번에는 꼭 부탁드리겠습니다'라고 고객의 소리를 게재하는 것으로 견적에 대한 고객의 반응은 올라가게 됩니다.

당신의 목소리를 들려주세요

지지야의 상품을 이용하신 감상은 어떠신가요?

지금 지지야에서는 '고객의 소리'를 모집하고 있습니다. 여러분에게 맛있었던 생선의 맛 또는 실제로 드시고 난 후의 여러분의 솔직한 감상을 듣고자 합니다. 여러분의 의견은 저희에게는 힘이 되어 다음 상품을 만드는 참고 자료가 됩니다. 지지야의 상품, 매장, 드신 후의 감상문, 다른 경쟁 매장과의 차이점 등을 써주시면 감사하겠습니다. 응모하는 용지 또는 쓰는 방법 모두 여러분 자유입니다. 대학 노트를 활용하셔도 좋고 무엇이든 상관없습니다. 글자로 표현하시든, 그림으로 표현하시든, 뭐든 자유롭게 부탁드립니다. 스티커 사진도 OK! 될 수 있으면 손 글씨로 부탁드립니다(물론 워드로 쓰셔도 괜찮습니다).

날짜 헤이세이 년 월 일

※지면에 게재하는 경우, 이름을 명시해도 괜찮을까요　□ 네　□ 가명으로　□ 나이는 No

(주소)

(이름)

(이메일)

(전화)　(생일)M.T.S.H　(나이)　세

● 보내는 곳　(동봉한 봉투를 이용 바랍니다)　질문 전화

·우) 801-0802 키타큐슈시 모지구　지지야 '고객의 소리' 앞

모지항점에 가져다주셔도 좋습니다. 이메일 ganbare@jijiya.com

24시간 문의 FAX

(원문 그대로)

모지항 전갱이 소식 🐟

2002년 5월호

올해의 골든위크는 비가 적…

올해의 골든위크는 작년 이상의 매출이 일어날 것으로 예측했습니다만, 5월 3일에서 6일까지의 기간 동안 4일 중, 3일이 비가 쏟아졌습니다. 다른 매장과의 라이벌 부심도 비와 함께 떠내려가고 말았지요. 그런데도 악천후 속에서도 모지항 레트로(특히 지지야)를 찾아주신 고객분들에게는 깊은 감사의 인사를 드립니다!! 날씨가 좋은 날, 다시 한번 지지야에 놀러 와주세요.

2002년 골든위크 지지야 구애 랭킹 베스트 3!!

1위 서리맞은 전갱이 → 역시 이것!! 부동의 1위!!

2위 이와시 전병 → 카토리 싱고 극찬으로 2위!!

3위 바나나주스 → 맛에 까다로운 지지야의 수작!!

'모지항 전갱이 소식'은 지지야 모지항점에서 작성하고 있습니다. 의견이나 감상은 지지야 ○○○○으로 전화, 팩스 보내주세요!!

※ 전화 주문은 받지 않습니다.

편집후기 ✏️

골든위크에 목소리를 낸다면 누군가 도와주세요~!! — 간판 처녀 츠키미

여러분 올해 골든위크에는 어디에 가셨나요? 해외? 국내? 다음에는 부디 저희 레트로에!! — 바나나 동자

골든위크에 너무 맛있는 것을 많이 먹어서 산뜻한 식사를 하고 싶은 분들 지지야에 오세요! — ? 나가시마

10. 미디어를 갖게 됨으로써 다른 회사와 연동하기

189페이지의 뉴스레터에서 '란도호~'라는 매장을 소개하고 있습니다. 이전에 와인 매장 컨티너의 소믈리에인 오오하시(大橋) 선생님이 뉴스레터에서 자신이 방문한 레스토랑을 소개하자 그 레스토랑의 고객이 폭발적으로 몰려들었다는 이야기가 있습니다.

뉴스레터는 발행 부수가 많아지면 회사의 매체가 됩니다. 여러분이 생각한 것보다 훨씬 더 큰 폭발력을 지니게 되는 것이죠. 화장품의 통신판매 회사 회원들은 자기 회사의 뉴스레터 취재로 무려 타워레코드의 지사장 인터뷰를 실행할 정도입니다.

아키타케 사장이 란도호~를 소개하면, 고객이 란도호~에 몰려들게 됩니다. 그러면 이번에는 란도호~에 몰려든 고객이 지지야의 할인 쿠폰 등을 받을 수 있게 구성을 짜놓으면, 그사이에서 고객이 계속 돌고 도는 효과를 볼 수 있습니다. 즉, 자신을 광고하고 싶다면 먼저 상대를 광고하면 됩니다.

11. 고객을 일하게 하기. 모두가 역할이 있다는 것을 강조

"반드시 한 번은 일러스트를 쓰지 않으면 손해를 볼 것 같다는 것은, 반드시 일러스트를 쓰면 이득을 본다?"라고 적혀 있습니다(200~201페이지 참고).

생선이 많은 동네에 살고 있으면서 건어물을 무척 좋아하는 저이지만 '이거다!' 할 정도의 맛을 찾기는 여간 어려운 게 아닙니다. 그런데 이번에 모지항에 들러 지지야에서 저녁 반찬용으로 제품을 구매했는데 완전 대만족이었습니다. 특히 지지야의 달콤 짭짜름한 건어물은 정말 최고입니다. 지지야의 제품은 신선해서 더욱 맛이 좋은 거겠죠. 고맙습니다.

건강 100배

고객의

생선~ 생선~ 생선을 먹으면 말이야~

시모노세키시 우에키와카코 님 (60세)

좋은 상품 만들어주셔서 감사합니다. 정말 고양이들도 지지야를 호시탐탐 노립니다 앞으로도 좋은 제품 잘 부탁드립니다.

지 방 배 송 을 잘 부 탁 드 립 니 다. 부 탁 드 립 니 다.

지지야의 지지꼬맹이 이즈카시 와타 님

편집 후기

골든위크를 고객으로 꽉 채우려 했던 계획은 비로 확 틀어져 버렸습니다.
KUMI

야 눈 깜짝할 사이에 휴가가 끝났네요. 조금 있으면 운동회 도시락으로 건어물 바비큐라도...
MISAO

매장에서 사무소가 된 지 한 달. 품질이 좋은 정통다라 도기 위해 열심히 하고 있습니다.
ISAMU

최악인 골든위크. 비, 비, 비, 비. 지금부터 장마라니 진짜 싫어요~
YUKARI

주문 쇄도 중!!

전갱이

크

이

건어물로

믿을 수 있

인터넷
URL http://www. jijiya.com/
주문은 지금 바로 프리다이얼
☎ 0120-159-889
하루라도 빨리

나고야시

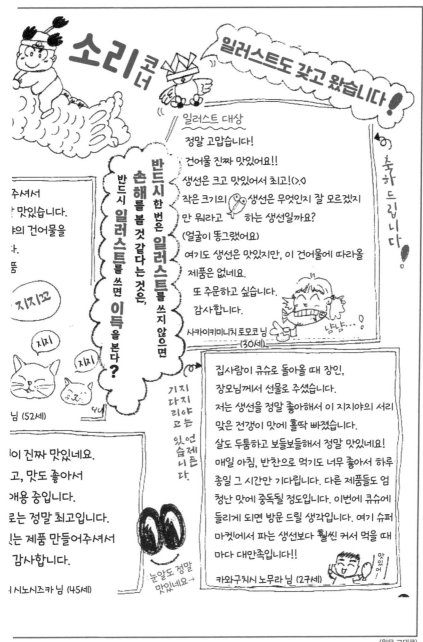

소리 코너

일러스트도 갖고 왔습니다!

일러스트 대상

정말 고맙습니다!
건어물 진짜 맛있어요!!
생선은 크고 맛있어서 최고!(><)
작은 크기의 생선은 무엇인지 잘 모르겠지
만 뭐라고 하는 생선일까요?
(얼굴이 똥그랬어요)
여기도 생선은 맛있지만, 이 건어물에 따라올
제품은 없네요.
또 주문하고 싶습니다.
감사합니다.
사카키미니치 토모코 님 (30세)

냠냠···

축하 드립니다!

주셔서
맛있습니다.
의 건어물을
뚝

지지꼬

지지

지지

님 (52세)

반드시 한 번은 일러스트를 쓰지 않으면
손 해를 볼 것 같다는 것은,
반드시 일러스트를 쓰면 이득을 본다?

기지
다지
리아
고는
있언
습제
니든
다

이 진짜 맛있네요.
고, 맛도 좋아서
개용 중입니다.
로는 정말 최고입니다.
는 제품 만들어주셔서
감사합니다.

시노시즈카 님 (45세)

눈알도 정말
맛있네요 →

집사람이 큐슈로 돌아올 때 장인,
장모님께서 선물로 주셨습니다.
저는 생선을 정말 좋아해서 이 지지야의 서리
맞은 전갱이 맛에 홀딱 빠졌습니다.
살도 두툼하고 보들보들해서 정말 맛있네요!
매일 아침, 반찬으로 먹기도 너무 좋아서 하루
종일 그 시간만 기다립니다. 다른 제품들도 엄
청난 맛에 중독될 정도입니다. 이번에 큐슈에
들리게 되면 방문 드릴 생각입니다. 여기 슈퍼
마켓에서 파는 생선보다 훨씬 커서 먹을 때
마다 대만족입니다!!

카와구치시 노무라 님 (27세)

맛있
어!

(원문 그대로)

여기서 중요한 포인트는 '고객이 일하게 하는 것'입니다. 소비자를 향한 뉴스레터는 글자만 써서 발행하면 자칫 지루해질 수 있습니다. 일러스트를 간간이 활용하면 좋은 반응을 끌어낼 수 있습니다.

일러스트를 직접 그리는 게 부담이 된다면, 고객에게 그리게 하는 것도 한 방법입니다. 일러스트를 잘 그리는 고객들도 많아서 모집하면 적극적인 반응을 끌어낼 수 있습니다.

연배가 좀 있는 고객들을 위한 뉴스레터라면, 매달 시 경연대회 같은 것을 주최하는 것도 좋습니다. 지지야에서는 고객으로부터 일러스트 작품을 받아 봉투에 활용합니다. 이처럼 봉투 하나를 만드는 것에도 나름의 공부가 되는군요.

12. 네이밍의 우수성

네이밍을 고객이 쉽게 인식하면, 아무래도 상품 구매율이 올라가게 됩니다. 야마토 운수의 오구라 마사오(小倉昌男) 회장이 쓴 《경영학》에서는 네이밍으로 경영이 선순환의 구조로 들어설 수 있다고 했습니다. 예를 들면, '아트 이사 센터'는 그 네이밍으로 고객의 범위가 크게 넓어졌습니다. 왜냐하면 회사명이 전화번호부에 제일 위 상단에 게재되기 때문이었습니다. 이전에 소개한 판금관리의 체인점인 '흠집 패임 110번'도 직관적으로 고객이 그 내용을 알 수 있습니다. 이들은 모두 전략적인 사고에서 탄생한 회사명들입니다(《불변의 마케팅》 참고).

올해도 소득세 전국 5위를 차지한 긴자일본한방연구소의 사이토 히토리(斎藤一人) 선생님의 경우도 멋있는 네이밍이 성공의 승패를 좌우한다는 것을 익히 알고 계실 것입니다. 이번의 아키타케 사장의 상품 네이밍도 소비자 관점에서 보면 알기 쉽습니다. '어쨌든 먹고 보자' 코스, '동네에도 있다' 코스, '우리가 광고해줄게' 코스 등등. 목적에 맞게 분류해 네이밍을 하고 있다는 점이 상당히 훌륭합니다.

13. 팔고 난 후에 무엇을 또 팔 것인가를 생각하기. 꼭 생각하기

이것은 최대의 훈련일지도 모릅니다. VIP 회원을 위한 편지입니다만(205페이지 참고) 이런 식의 오퍼가 없어도 기분만큼은 VIP 회원임을 느끼게 하는 특전입니다.

추신에서는 상품을 판매합니다. VIP 회원은 정기적인 택배 수령으로 건어물을 사는 사람들입니다. 일반적으로는 매달 건어물을 사기 때문에 더 이상 물건을 사지 않을 것으로 예측합니다. 하지만 그것은 크게 잘못 생각한 것이죠. 고객 중에서는 여러분이 제안한 그대로 구매하는 '보살과 같은' 고객이 일정 수준 반드시 존재합니다.

예를 들어 4인 가족이 식사하는 양이라면 한 달에 4마리라고 생각할 수 있지만, 6마리를 주문해버립니다. '남으면 주변에 나

뉘주지 뭐' 하는 경우가 되는 것이죠. 즉, 물건을 파는 쪽에서 "어떠신가요?" 하고 제안하는 만큼 그대로 구매해버리는 소비자들입니다. 그들은 제안하면 구매합니다.

그렇다면 제안하지 않았을 때는 어떻게 될까요? 그들의 소비 욕구는 사라지지 않기 때문에 다른 매장에 가서 다른 제품을 사버리게 됩니다. 그 결과, 쓸데없는 상품에 손을 내밀게 되는 것이죠.

여러분이 물건을 파는 행위를 게을리하게 되면 소비자는 엉뚱한 물건을 사버리게 됩니다. 즉, 고객에게 손해를 입히게 되는 것입니다. 그러니까 여러분이 멋진 상품을 제공하고 있다면 그 상품의 제공을 지속해야 합니다.

고객이 어떤 상품을 구매하게 되면, 그 상품을 납품하면서 반드시 그다음의 상품을 제안해야 합니다. 반드시 말이죠. 구체적으로는 구매자 한정의 특별 우대상품 또는 할인계획을 준비합니다. 하나를 이루면 그다음을, 그다음을 이루면 다다음을 준비해야 합니다. 팔고 난 뒤에 다시 파는 행위가 이어지는 것이 중요합니다.

팔고 나서 안심하면 안 됩니다. 팔고 나면 다음에 무엇을 팔 것인지 생각해야 합니다. 여러분이 팔지 않으면 고객은 지금보다 나쁜 서비스, 안 좋은 물건을 파는 회사로 이탈하게 됩니다.

금단의 세일즈 카피라이팅

지지야 VIP 회원

간다 마사노리 님께

↑ "나는 VIP 회원을 신청한 적이 없어요!"라고
말하는 분들도 읽어봐주세요.

키타큐슈의 골든위크는 5월 5일을 넘어서 계속 비가 내렸습니다. 여러분이 계시는 지역은 어떠셨나요?

어쩌면 일을 계속해야만 했던 분이 계실지도 모릅니다.
아니면, 유유히 휴가를 즐긴 분들도 계셨겠지요.
여러분 덕분에 지지야 타이스케는 계~~속 일했습니다.

일이 있는 것은 기쁨이기도 하지만, 특히 최근에 고객의 메시지를 듣고 있으면 정말로 "지지야를 해서 좋았다"라고 집사람에게 말하곤 합니다.

이 VIP 회원은 지지야의 '연간 택배 물건'을 주문한 분들을 위해 새로 구상하게 됐습니다.

자, 그럼 어떤 점에서 일반 고객들과 다르냐고요? 지지야가 '여러분을 대하는 기분'이 달라집니다. 무엇보다 일 년분을 먼저 지불하고 주문하실 정도로 저희 지지야를 사랑하시는 마음이 크다는 것을 알기 때문입니다. 더할 나위 없는 멋진 고객님들입니다.

"뭐예요? 좀 더 다른 의미는 없나요?"

이렇게 말씀하실지도 모르겠지만, 아직 성숙하지 못한 저입니다. 무엇을 하면 기뻐하실지 궁리하고 있습니다.

앞으로도 저희 지지야를 위해 다양한 고객분들의 의견을 부탁드립니다. 늘 감사드립니다.

지지야 타이스케

추신 : 지금 인근 해역에서 잡히는 전갱이가 성수기에 접어들었습니다. 고객님들 전원에게 이 소식을 알리는 것은 상품이 제한되어 있어서 어렵지만, 오늘 (5월 25일) 만든 제품의 상태가 좋아서 알리고 싶어 VIP 회원들에게 먼저 알려드리게 됐습니다. 그래서 급히 신청서를 만들어 보냅니다.

내일부터는 현해탄 방면의 어획이 금지됩니다(만월에는 생선이 잡히지 않습니다). 그렇게 되면 수일 후에 상품을 만드는 것이 불가능해집니다. 지금부터는 점점 상품이 떨어지는 시기입니다. 서리 맞은 전갱이 정도까지는 아니지만, 현해탄의 오도에서 대마도에 이르는 진짜 전갱이입니다. 조금 작은 크기이지만, 다양한 맛을 맛보고 싶으신 분들은 신청 부탁드리겠습니다.

깊은 맛이 일품인, 상당히 좋은 상품입니다.
아저씨도 만족하는 세트 상품 5월호 한정 100세트입니다. VIP 회원 여러분을 위한 안내입니다. 신청서는 6월 7일까지 부탁드리겠습니다.

신청서는 뒷면에 있습니다. ⇒

(원문 그대로)

제4장

'금단의 세일즈' 편

이번 장에서는 고객과의 커뮤니케이션을 획득하는 방법으로 세일즈(토크) 등 다양한 '영업술'에 대해 소개합니다.

간다 마사노리의 영업술은 상당히 강렬합니다.

지금까지 여러분이 상사나 선배로부터 전수받은 것과는 180도 차원이 다른 상식이 여기에 있습니다!

01 '우수한 영업맨'이란 무엇일까?

'애원하기 영업'과 전혀 다른 '고자세 세일즈'란?

일찍이 저서에도 기록되어 많은 경영자, 영업맨이 '감격'한 간다 마사노리의 말. 그것은 "싫은 고객에게 절대로 머리를 숙이지 마라"입니다. 어디까지나 비즈니스 스킬의 측면에서 그가 제창한 것입니다. 이 기사에서도 '고자세'라는 유효성을 해설하고 있습니다.

● 고객이 말하는 대로 하면 신뢰를 얻지 못한다?

이번에는 세일즈에 대해 깊게 생각해보고자 합니다. 물건을 파는 쪽에 있어서 고객의 구매를 유도하기 위해 중요한 지점은 상품, 서비스의 품질에 딱 들어맞는 가격을 제시하는 것입니다. 그런데 물건을 사는 입장에서는 구매 기준의 최우선 항목은 상품 품질도 아닌, 가격의 저렴함도 아닙니다.

'고객은 도대체 어떤 기준으로 물건을 구매하는가?' 이에 대한 대답을 얻기 위해 미국이 조사했습니다. 그랬더니 그 결과는 다음과 같이 도출됐습니다.

1. 신뢰할 수 있는 영업맨

2. 상품 품질

3. 가격

조사 결과에 따르면, 고객이 중요하게 생각하는 것은 영업맨을 신뢰할 수 있느냐, 없느냐가 최우선 요건이었습니다. 물건을 구입할 때는 신뢰할 수 있는 사람에게서 구매한다는 것. 즉, 일대일의 사람과 사람 사이에서 구매가 결정된다는 것입니다.

그렇게 되면 문제는 이런 질문을 낳게 됩니다. '어떻게 하면 고객의 신뢰를 얻을 수 있을까?' 다수의 영업맨들은 '고객의 마음에 드는 것 = 신뢰를 받는 것'이라고 생각합니다. 그러면서 영업맨들이 고객의 마음에 들기 위해 어떤 행동을 하게 될까요? 고객의 요구를 전부 맞추려는 행위를 하게 됩니다.

고객에게 조금이라도 좋은 인상을 주기 위해 의자에 살짝 걸터앉아 몸을 늘려가며 이야기를 전개합니다. 그러고는 "견적이라도 내주셨으면 좋겠습니다", "제안이라도 하게 해주세요"라고 간청합니다. 이것이 전형적인 '애원하기 영업'입니다.

애원하기 영업은 성공률이 낮습니다. 계약이 성사된다고 하더라도 성사되기까지 시간이 제법 오래 걸립니다. 그렇게 되면 수익률도 떨어집니다. 어떤 경우는 마치 노예처럼 고객에게 휘둘리는 예도 있습니다. 그러면서 부당한 요구도 들어주게 됩니다. 고객의 요구를 충족하지 못하는 경우는 파투가 나게 되겠죠. 이처럼 <u>고객의 요구대로 움직인다면 신뢰를 얻기는커녕, 역으로 무시를 받는 상황을 초래합니다.</u>

'고객에게 맞추면 신뢰를 얻을 수 없다고요? 설마요?' 뭐 이렇게 느끼시는 분들도 계실 것입니다. 그러면 다음의 이야기를 들어봐 주시기 바랍니다. 실은 어느 실천회 회원으로부터 제가 소개한 PR 회사의 대응이 안 좋았다는 푸념을 들었습니다. 그러는 사이, 재미있는 대화가 오갔습니다.

나 : 이번 건은 죄송했습니다. 제대로 된 PR 회사는 분명 적지만, 그 회사는 제가 이전에도 대리점을 거쳐 의뢰한 적이 있었고, 또 대기업 광고대행사로도 활동하고 있어서 괜찮다고 여겼습니다.

VIP 회원 : 그런데 그 정도로 대단하다고 여겨지지는 않더군요.

나 : 왜 그렇게 생각하셨나요?

VIP 회원 : 여기 상황에 전부 맞춰주기도 하고, <u>별것도 아닌 일에 바로 저희 회사를 찾아오기도 했었거든요.</u>

즉, 전부 고객의 입맛에 맞춰 방문하면 이른바 잘나가는 광고 회사처럼 보이지 않는다는 것이었습니다. 이 PR 회사의 사장은 '고객에게 열심히 목숨을 걸면 일을 받을 수 있다'라고 생각하면서 일부러 더 열심히 맞춰주는 상황이었습니다.

하지만 이 회사 사장의 생각과 다르게 '하청 업체와 같은 역할'을 보다 강화했을 뿐입니다. 확실히 '고객에게 맞춘다'라는 것은 '고객을 위해 완수해야 한다'라는 세간의 상식에 어긋납니다. 하지만 주위를 둘러보면, 애원하기 영업으로 돈을 버는 사람이 있을까요? 최고의 영업맨 중에 무턱대고 굽신거리는 사람이 있을까요?

애원하기 영업은 <u>월급을 받는 것에 그저 만족하고, 현 상황에서 크게 벗어나려고 하지 않는 영업맨들이</u> 주로 하는 수법입니다.

●신뢰하는 진실의 순간이란?

세상의 상식과 달리, 애원하기 영업을 하는 한, 고객의 신뢰를 얻기는 어렵습니다. 그렇다면 고객이 '이 영업맨은 신뢰할 수 있다'라고 생각하는 경우는 어떤 경우일까요? (마치 역설처럼 들리지만 말이죠.)

금단의 세일즈 카피라이팅

고객이 영업맨을 신뢰할 수 있다고 여기게 되는 지점은 십중팔구, 거절당했을 때입니다.

자신이 손해를 입음에도 "고객님을 위해 할 수가 없다"라고 확실하게 의사를 표명하는 영업맨. 고객이 제품을 구매할 이점이 없는 경우, 파는 행위를 중단하는 영업맨. "거절할 때 신용이 생긴다"라고 하는 경우가 생각보다 많습니다.

거절한다고 해서 진짜로 거절한다는 뜻이 아닙니다.《팔지 않아도 팔린다!》[자크 워스(Jacques Werth) [22] 저]에서는 영업맨의 업무를 다음의 3가지로 분류하고 있습니다.

① 고객이 자신의 상품을 절실하게 필요하고, 구매하고 싶다고 생각하는가?
② 고객이 이 상품을 구매할 예산이 있는가?
③ 이 거래를 함으로써 상품을 구매하는 쪽, 파는 쪽 모두에게 이득이 있는가?

이 3가지에 맞춰 판단해 거래할 가치가 없다고 느낄 때는 거절합니다. 왜냐하면 자신의 상품이 필요하지도 않고, 원하지

---

22) 자크 워스 : 미국의 세일즈 컨설턴트입니다.《팔지 않아도 팔린다!》(니콜라스 E 루벤(Nicholas E. Ruben) 공저. 사카모토 키쿠코(坂本希久子) 번역, 간다 마사노리 감수, 포레스트 출판)의 저자입니다. .

도 않는 고객에게 영업하는 행위는 쌍방 입장에서 시간만 허비하는 행위이기 때문입니다. 그런 고객은 그냥 제하는 게 상책입니다.

만약 고객에게 상품을 구매할 예산이 없다면 이야기를 더 해봐야 소용이 없습니다. 이런 때도 고객에게서 손을 떼는 것이 현명합니다. 서로가 이득을 취할 수 없는 경우는 절대로 길게 거래를 이어가지 않습니다. 그런 때도 거절하는 것이 상책입니다.

버리지 못하는 이야기를 지속한다는 것은 고객과 함께 춤을 추고 있는 것과 같습니다. 즉, 그 자리에서 뱅뱅 맴돌 뿐, 아무런 성과가 없다는 뜻이죠.

이 3가지 지점을 참고해 '시간을 쓸 필요가 없다'라고 판명되면, 확실하게 상담을 종료합니다. **상담하는 도중에 노트북을 닫습니다. 그리고 가방에 노트북을 넣고 자리에서 일어납니다. 이것은 허세가 아닙니다.** 계약 성사 가능성이 낮은 고객을 괜히 앉혀놓고 이야기하는 것은 상대의 시간을 버리게 하는 행위입니다. 상대를 위해서라도 즉각 상담을 종료하는 것이 좋습니다. 고객이 "이 상품을 원해요"라고 표명하고, 그 원하는 이유가 명확하지 않은 이상, 상담을 지속해서는 안 됩니다.

고자세 영업 방식이지만, 그 방식이 역으로 고객의 신뢰를 얻을 수 있습니다. 해보면 아시겠지만 노트북을 닫고 집으로 돌아가려는 순간, "잠깐 기다려주세요"라는 목소리가 속출하게 됩니다(한 번 이 상황을 맛보게 되면 이전의 영업방식으로 돌아갈 수 없습니다).

●가망고객이 적어서 안 된다?

지금까지 '고객님은 하느님입니다'라고 배워, 이를 굳게 믿고 왔었던 분들은 "이게 뭔 소리야?"라고 하실지도 모르겠습니다. 하지만 이 방법이 최고의 영업맨들이 구사하는 방법입니다. 최고의 영업맨들은 이상의 조건을 충족시키지 못하는 고객과의 상담을 지속해 괜한 시간을 허비하는 것보다 다른 고객을 찾아 나서는 것이 더 이득이라고 생각합니다.

그러면 또 이렇게 대답하는 사람이 있습니다.

"에이, 가망고객이 많은 회사는 그래도 되겠지만, 우리 회사는 한 사람의 고객도 아쉽다고요. 거절하는 것은 절대 쉽지 않습니다."

하지만 이런 생각에 잠겨 있으면 시간이 아무리 흘러도 계약 성사는 어렵습니다. '한 사람의 고객이라도 도망가지 않게

붙들어 놔야지' 하는 생각이 그대로 고객에게 전달이 되기 때문이죠.

설득하면 안 됩니다. 설득하려 하면 할수록 고객은 물건을 구매하고 싶은 마음이 점점 사라집니다. 그 결과, 고객은 도망가게 됩니다. 그러니까 '단 한 사람의 고객뿐이 없어. 이 고객을 놓치면 오늘 점심은 먹을 수 없어'라는 상황에서도 이를 악물고 고객을 거절해야 합니다. 그렇게 하지 않으면 계약 성사율이 좀처럼 오르지 않습니다. 고객이 계약하지 않는 회사는 그 회사가 애원하기 영업을 하기 때문입니다.

팔리지 않는 영업맨은 고개를 숙이는 법입니다. 최고의 영업맨은 고객을 버립니다. 최고의 영업맨은 밀당에 능숙합니다. 밀당하지 못하는 영업맨은 시간이 아무리 흘러도 실적이 오르지 않습니다. 머리를 숙이면서 자신의 비즈니스 인생을 소비합니다.

그렇다면 어떻게 해야 고객을 붙잡을 수 있을까요? 그러는데 필요한 것이 붙잡기 위한 세일즈 토크입니다. 이어서 다음 내용으로 제가 앞서 소개한 《팔지 않아도 팔린다!》에서 실천한 토크의 내용을 설명하겠습니다.

금단의 세일즈 카피라이팅

02 실천! 영주 영업[23]
'구매하는 고객'을
분별하는 기술이란?

이어서 '고자세 세일즈' = '영주 영업'에 대한 이야기를 하겠습니다. 여기서는 구체적으로 세일즈 토크 방법에 관한 이야기를 전개합니다. '어떤 비즈니스 인생을 살 것인가?'는 '어떤 영업 스타일을 실천하느냐?'에 따라 결정됩니다. 이것은 '인생을 좌우하는 토크 기술'이기도 합니다.

● '좋은 사람'이라고 불리는 세일즈맨은 실격!

'최고의 영업맨 중에 무턱대고 굽신거리는 사람은 없다'라는 전제를 앞서 말씀드렸습니다. 다시 반복하는 이야기지만, 세

---

23) 영주 영업 : '자신에게 걸맞지 않은 고객은 빨리 선을 긋고 다른 고객에게 어필하는 것이 더 효율적'이라고 하는 마케팅 방법입니다. - 편집자 주.

상의 상식은 반대입니다. 고객에게 말할 때 뭐든지 "네~ 네~" 하는 것이 좋다고 생각합니다. 그렇게 하면 기분이 좋아진 고객 덕에 일거리를 얻을 수 있다고 굳게 믿으면서요. 이렇게 평범하게 생각하는 영업맨들이 대부분이기 때문에 파는 행위의 생각 방식을 조금만 바꿔도 최고의 영업맨이 될 수 있습니다.

왜 제가 이런 이야기를 하는 것일까요? 그것은 바로 제가 이전에 '공무원'(외무성 근무)이었기 때문입니다. '세일즈'라고 하는 것에는 진짜 문외한이었습니다.

영업맨이 되어 영업하지 않으면 안 될 상황에 놓이자, 거래처에서 이런 말을 듣게 됐습니다.

"간다 마사노리 씨는 사람이 정말 좋군요."

여성에게 남성이 그저 사람이 좋다고 평가받는 것과 마찬가지로, 거래처로부터 '좋은 사람'이라고 평가받는 영업맨은 실격입니다. 즉, 저 스스로가 실격인 영업맨이었습니다. '무턱대고 굽신거리는 사람'이었던 것이죠.

저는 이를 악물고 굽신거리는 태도를 버리기로 작정했습니다. 그만둔 순간, 흥미로울 정도로 큰 고객을 잡을 수 있었습니다. '이런 멋진 인생이 다 있다니!'라고 여겨질 정도였죠. 그러면서 영업에 자신감이 붙기 시작했습니다.

굽신거리는 인생은 어찌 보면 살기 편안한 인생입니다. 고객의 입맛만 맞추면 되니까요. 머리를 쓸 필요도 없습니다. 물건을 구매할 가능성이 현저히 낮은 고객과 그저 수다만 떨면 됩니다. 그러면서 고객이 "이것 좀 알아봐 주실 수 있어요?"라고 의뢰받으면 노예처럼 알아봐 주면 됩니다. 그것을 일이라고 여기면서 바쁘게 시간을 보내면 됩니다.

이런 활동에 아무런 의문을 품지 않는다면 일생을 벌지 못하는 영업맨으로 살게 됩니다. 앞에서도 말씀드렸지만 중요한 이야기여서 자꾸 반복해서 말씀드립니다. 영업맨의 업무는 고객을 설득하는 것이 아닙니다. 영업맨이 고객을 설득하면 설득할수록 고객은 '설득당하지 않을 거야'라는 자기를 지키고자 하는 본능이 꿈틀대기 때문입니다.

따라서 대화를 통해 "부디 검토를 부탁드립니다", "안내를 해드려도 될까요?", "견적이라도 내주시면 어떨까요?" 등의 애원하기 방식은 입이 있어도 말해서는 안 됩니다. 영업맨의 업무는 '고객을 예의 주시하는 것'입니다.

① 고객이 자신의 상품을 절실히 필요하고, 사고 싶어 하는지, 어떤지?

② 고객이 이 상품을 살 예산이 있는지, 없는지?

③ 이 거래를 통해 상품을 구매하는 쪽, 파는 쪽 모두 이득이 있는가?

이 조건에 들어맞지 않는 고객은 계약 성사율이 현저히 떨어지는 고객입니다. 가능성이 낮은 고객을 시간을 들여 설득하는 것은 바보나 하는 일입니다. 구매할 의욕이 없는 고객을 설득하는 것보다 설득하지 않아도 구매할 고객을 상대로 시간을 쓰는 것이 몇 배 더 효율적이기 때문입니다.

● 구매할 가능성이 큰 고객은 몇 명 있을까?

문제는 '설득하지 않아도 물건을 구매할 고객이 있느냐?'입니다. 그런데 현실에 분명 있습니다. 자료를 청구한 고객이 100명 있다고 하면, 적어도 2~3명은 물건을 구매할 고객입니다. 통신판매에서는 그 수가 5명 정도입니다.

영업맨이 실패하는 것은 그 5명을 발견하지 못하고, 나머지 95명에게 무의미한 시간과 노력을 쓰고 있기 때문입니다. 100마리의 물고기를 전부 낚으려 하니까 단 1마리도 잡을 수 없는 것과 같은 이치입니다. 되는 일은 이미 배를 드러내고 수면 위로 떠오른 5마리의 물고기를 단지 그물로 건져 올리

금단의 세일즈 카피라이팅

면 그뿐입니다.

그렇다면 나머지 95마리는 전부 포기해야 하는 것일까요? 아닙니다. 물론 살 수 있습니다. 확실하게 뉴스레터 등으로 팔로우한다면 적어도 15~20명은 최종적으로 계약 성사를 이뤄낼 수 있습니다. 하지만 '지금 당장' 사는 것은 아닙니다. '미래'에 사는 것이죠. 장래 성사될 고객을 지금 미리 설득한다면? 바로 도망가버리게 되겠죠. 그러니까 설득은 시기를 봐가면서 해야 합니다.

서점에서 주로 잘 팔리는 스킬로 '설득의 기술'이 있습니다. 고객이 이렇게 반응하면 저렇게 반응하는, 일종의 심리 조작의 수법이기도 합니다. 이것을 DM처럼 사전에 준비가 가능한 도구로 쓴다면 가능합니다. 하지만 고객을 눈앞에 두고 책에서 나온 것처럼 고객의 타입별로 대응하며 영업을 한다는 것은 사실상 불가능에 가깝습니다.

자꾸 반복하지만 영업맨의 업무는 설득이 아닙니다. 고객을 지켜보는 것이죠. 보다 직설적으로 표현하면, 영업맨은 가능성이 낮은 고객에게 시간을 써서는 안 됩니다. 가능성이 낮은 고객을 걸러내지 못하는 영업맨은 100마리의 물고기를 낚을 기회가 주어져도 단 1마리의 물고기도 낚아 올리지 못합니다.

● 구매할 고객을 분별하는 세일즈 토크

그렇다면 고객을 지켜보기 위해서는 어떻게 대화를 진행해야 할까요? 구체적으로 알려드리겠습니다.

저의 실천회 회원이면서, 자기가 개발한 프로그램을 판매하고 있는 회원이 있습니다. 한마디로 그를 표현하면, '직원이 스스로 하게끔 해서 설정한 목표를 최단 거리로 실현하게 하는 프로그램'입니다.

이 프로그램의 가격은 150만 엔 정도입니다. 따라서 판매는 생각보다 어려운 상태입니다. 이 회원은 현재 일주일에 한 개의 프로그램을 판매하고 있습니다. 광고해서 영업을 성사하는 게 아닌, 순전히 고객 리스트를 통한 전화 영업이기 때문에 수많은 영업맨들 중에서도 이미 최상위 10% 안에 들 정도입니다 (본인은 힘들다고는 하지만).

그가 실행하는 대화 내용은 다음과 같습니다(먼저 전제로 하는 것은 목소리의 톤을 낮추고, 물건을 파는 말은 절대로 입 밖에 내지 않습니다).

영업맨 : 저, ○○사의 ○○입니다. 직원을 스스로 하게끔 만들어 설정한 목표를 최단 거리에 실현하는 자기 계발 프로그램을 판매하고 있습니다만, 이런 자기 계발 프

로그램을 구입할 의향이 있으신가요?

고객 ： 네? 뭐라고요?

영업맨 ： 직원을 스스로 하게끔 만들어 설정한 목표를 최단 거리에 실현하는 자기 계발 프로그램입니다만, 이런 자기 계발 프로그램을 구입할 생각이 있으신가요? 아니면, 필요 없으신가요?

고객 ： 도통 알 수가 없군요.

영업맨 ： 자세한 말씀은 이미 드린 것 같은데, 지금 여쭤보고 싶은 것은 직원을 스스로 하게끔 만들어 설정한 목표를 최단 거리에 실현하는 자기 계발 프로그램입니다만, 이런 자기 계발 프로그램을 구입할 생각이 있으신가요? 아니면, 필요 없으신가요? 만약 필요 없으시다면 그렇게 말씀해주셔도 괜찮습니다만.

고객 ： 그거야 그런 일이 되는 프로그램이라면 구입하고는 싶죠.

영업맨 ： 왜 그렇습니까?

고객 ： 음~ 직원이 늘어서 스스로 하게끔 유도하고 싶어서 그렇죠.

영업맨 ： 그렇다면 한번 찾아뵈어도 될까요? 직접 설명드리고 싶습니다. 어떠신가요?

고객 ： 좋습니다. 그럼 한번 뵙죠.

영업맨 : 언제가 편하세요?

고객 : 다음 주 화요일 오전이 좋습니다.

영업맨 : 다음 주 화요일 오전은 다른 선약이 잡혀서요. 수요일 10시는 어떠실까요?

고객 : 좋습니다.

영업맨 : 그러면 다음 주 수요일 10시에 찾아뵙겠습니다.

이런 식으로 대화가 마무리됩니다. 이 대화를 들으면 **보통의 영업맨들은 깜짝 놀랍니다.** 이렇게 직설적인 대화를 시도하면, 고객이 전부 도망갈 거라면서 말이죠. 하지만 한번 해보시길 바랍니다. 진지한 고객일수록 영업맨에게 확실한 이야기를 들을 수 있으니 리스크를 느끼면서도 반드시 "구매하고 싶다"라는 말을 하게 됩니다.

"구입하고 싶으신가요?"라고 물으면 대부분 고객은 "아니요"라고 대답합니다. 하지만 여기서 "아니요"라는 대답을 얻게 되면, 그만큼 신속하게 가능성이 큰 5명의 고객에게 갈 수 있습니다. 고객이 대답하는 "아니요"라는 말에는 엄청난 가치가 있습니다. 그러니까 "아니요"라고 대답을 들으면 "알겠습니다. 실례 많았습니다"라고 말하고, 기쁜 마음으로 자리에서 전화를 끊으면 됩니다. 그리고 다음 목적인 고객을 향해 전화를 걸면 됩니다.

금단의 세일즈 카피라이팅

고객을 설득하다가 거절당하면 영업맨의 자존심에 상처가 생깁니다. 그러면 스트레스가 생기겠죠. 하지만 이 영주 세일즈 방법에서는 고객으로부터 "아니요"라는 답변을 받도록 노력하면, 이 고객은 자신의 상품을 구매하기에 적합한 고객인지, 아닌지 판단이 내려집니다. 적합하지 않은 경우라면 확실하게 거절합니다. 그러면 아무런 스트레스가 발생하지 않습니다.

● 예측지수의 정확도를 높이는 3개의 질문

다음으로 약속을 잡은 후의 대화를 소개하겠습니다.

영업맨 : 뵙기 전에 3가지 정도를 확인하려고 연락드렸습니다.

고객 : 네. 말씀하세요.

영업맨 : 이렇게 여쭤보는 목적은 영업하려고 하는 것이 아닙니다. 서로 거래할 이점이 있는지, 없는지 판단하기 위해서입니다. 괜찮으실까요?

고객 : 네. 괜찮습니다.

영업맨 : 서로 거래할 이득이 있는지, 없는지 판단하기 위해 적어도 1시간 정도의 시간이 소요되는데 괜찮으실까요?

고객 : 음~ 뭐 괜찮습니다.

영업맨 : 말씀을 나눈 결과, 저희가 귀사에서 만족할 만한 조건을 전부 제안을 할 경우, 어떻게 하실 것인가요?

고객 : 그러면 거래하겠습니다.

이런 전개가 됐을 때만 실제로 방문합니다. 이 조건을 포함하지 않는 회사를 방문할 경우, 계약 성사가 이뤄질 가능성이 떨어지기 때문에 시간만 허비하게 됩니다. 3가지 질문에 원하는 답을 얻지 못했다면 그 자리에서 종료하고 전화를 끊도록 합니다.

믿을 수 없을 정도로 고자세 세일즈 토크입니다. 하기 전에는 저도 믿기 힘든 과정이었는데, 그렇게 생각하는 것도 무리가 아니었겠죠. 그런데 이 대화의 사례 주인공은 별 예외 없이 영업실적이 올랐습니다. 대체 이런 영업맨의 전화를 받은 고객은 대체 무슨 생각을 할까요?

우연이긴 합니다만, 이 자기 계발 프로그램을 판매하는 회원으로부터 실천회 회원이기도 한 어느 사장님이 전화를 받은 모양입니다. 이 사장님은 이 세일즈 토크가 상당히 인상적이어서 잘 기억하고 있었습니다. 나중에 저의 세미나에서 이 이야기를 듣고서는 '아, 그때 그 일이었구나' 하고 알아챘습니다. 이 사장님과 프로그램 영업맨의 대화는 다음과 같았다고 합니다.

금단의 세일즈 카피라이팅

영업맨 : 찾아뵙는 것은 영업하기 위한 목적이 아닙니다. 서로 이득이 있는지, 없는지 판단하기 위함인데 괜찮으신가요?

사장 : 네. 괜찮습니다.

영업맨 : 서로 거래할 이득이 있는지, 없는지 판단하기 위해 적어도 1시간 정도의 시간이 소요되는데 괜찮으실까요?

사장 : 음~ 1시간은 좀 어렵겠는데요?

영업맨 : 서로 거래할 이득이 있는지, 없는지 판단하려면 적어도 1시간은 필요한데 어떻게 하시겠습니까?

사장 : 그렇다면 안 되겠습니다.

영업맨 : 알겠습니다. 그러면 실례 많았습니다. (딸깍)

사장 : ….

●상대는 '자신이 있다'라고 느끼고 있다

이 대화에 대해 저는 사장님에게 질문했습니다.

나 : 그 전화, 어떻게 느끼셨습니까?

사장 : 도중에 전화가 끊어졌지만, 어째서 저렇게까지 자신감이 넘치는 것인지 궁금했습니다.

나 : 반대로 조건을 맞춰서 어떻게든 만나자고 제안받았다면 계약하셨을까요?

사장 : 글쎄요. 저도 단지 어떤 영업을 하려고 했는지 흥미로웠던 것뿐이라서요. 아마 계약하지는 않았을 것입니다.

나 : 그렇군요. 그러니까 무리하게 방문했더라도 쌍방의 입장에서 보면 서로 시간만 낭비했겠군요. 그렇다면 만약에 같은 전화가 또 걸려 온다면 어떻게 하시겠습니까?

사장 : 음~ 상당한 흥미를 품고 있기는 한데요. 그래도 계약하지는 않을 것입니다.

나 : 그렇게 되면 또 전화가 끊어질 텐데요. 그렇게 다음 달, 세 번째 전화가 걸려 오면 어떻게 하실 것인가요?

사장 : 아, 그렇다는 것은 이쪽에서 계약하겠다고 말하지 않는 이상, 계약이 성사되지 않는다는 뜻이로군요?

나 : 네. 맞습니다.

사장 : 정말로 필요하다고 느낀다면, 전화를 받고 그렇게 말씀드릴 것입니다.

이 대화에서 알 수 있듯, 진짜로 필요로 하는 고객이 아니라면 '일대일로 만나는' 시간을 일절 할애하지 않는다는 것을 알 수 있습니다. 이 사장님이 말한 것처럼, 영업맨이 방문을 한다고 해도 구매할 의사가 없다면 상담이 계속 이어질 가능성은 현저히 떨어지게 됩니다.

그러니까 영업맨은 방문하지 않는 것을 선택합니다. 그만큼 시간을 아낄 수 있습니다. 방문하기 위해서는 적어도 3시간 정도가 필요합니다. 3시간이 있다면 150통의 전화를 걸 수 있습니다. 그 중에서 3가지 조건에 들어맞는 회사를 찾는 게 보다 이득입니다. 그렇다면 다음의 대화를 할 때는 어떻게 해야 할까요?

영업맨 : 귀사가 만족할 조건을 전부 제안 드리면 어떻게 하시겠습니까?

사장 : 검토해보겠습니다.

여러분도 생각해보시길 바랍니다. "만족할 조건을 전부 제안해도 검토하겠다"라는 이유는 무엇일까요?

① 그 사람이 구매결정권자가 아니다.
② 지금 견적을 내기 위한 방패로 쓰이고 있다.

이 2가지입니다. 그러니까 시간을 쓸수록 허비가 됩니다. 그럴 때는 다음과 같이 대응합니다.

영업맨 : 만족할 만한 조건을 전부 제안했는데 검토를 하신다

는 것은 계약할 가능성이 낮다는 뜻인 것 같은데 맞나요?

사장 : 아마도 그렇습니다.

영업맨 : 그렇다면 서로 만나도 시간을 허비하게 될 것 같은데요. 어떻게 하시겠습니까?

사장 : 그럼 만나도 소용이 없겠네요.

영업맨 : 알겠습니다. 그러면 실례 많았습니다. (딸깍)

이상의 토크를 통해 전형적인 감상이 있을 수 있습니다. '일본처럼 인간관계가 중요시되는 문화에서 잘 이뤄지기는 힘든 대화 아닌가?'라고 말이죠. 저도 하기 전까지는 그렇게 생각해 왔습니다. 하지만 이를 악물고 용기를 내보니 세상이 바뀌는 것을 느낄 수 있었습니다.

● 탑 세일즈맨의 직언. '모아서, 잘라라.'

'영업맨은 머리를 숙여야 한다'라고 생각하는 것은 마케팅과 세일즈를 뒤죽박죽 알고 있기 때문입니다. 마케팅과 세일즈는 엄연히 다른 개념입니다. 마케팅과 세일즈는 거의 정반대의 움직임입니다.

마케팅은 고객을 모은다.

세일즈는 '지금 바로 고객'을 주시한다.

마케팅은 고객을 키운다.

세일즈는 고객을 판단한다.

마케팅은 회사 전체에서 시행하는 것.

세일즈는 영업맨 또는 개인이 하는 것.

마케팅은 물건을 사고 싶게 한다.

세일즈는 물건을 사서 후회하지 않는지 확인한다.

이 차이점을 모르는 회사는 영업효율이 낮을 수밖에 없습니다.

03 단기간에 고객과의 신뢰 관계를 쌓기
세일즈 토크는 여기까지 가능하다!

여기서는 라이벌과 격차를 벌리는 '고급 테크닉'의 세일즈 토크를 소개합니다. 고객의 신뢰를 얻는다는 것. 바꿔 말하면, '신뢰할 수 있는 영업맨' = '결과를 내는 영업맨'으로 변신할 수 있는 테크닉입니다.

● 10분이면 쌓이는 신뢰 관계

이번에는 계약 성사를 위한 '깜짝 놀랄 비밀'을 알려드리겠습니다. 저는 고객은 다음의 순번으로 구매 결정을 내린다고 말씀드렸습니다. ① 신뢰할 수 있는 영업맨, ② 상품 품질, 그리고 ③ 가격입니다. 세상의 상식과 반대로, 고객은 가격이 전부라고 생각하지 않습니다. 여기서 문제가 되는 것은 그렇다면 어떻게 고객과 신뢰 관계를 얻을 수 있느냐입니다.

금단의 세일즈 카피라이팅

'고객과 신뢰 관계를 구축할 수 없다'라는 것은 간단한 문제입니다. 긴 시간을 활용한다면 신뢰 관계는 얻어질 수 있습니다. 하지만 그렇게 해서는 영업이 될 수 없습니다. 단기간에 신뢰 관계를 얻어야 합니다.

그렇다면 단기간에 신뢰 관계를 얻으려면 도대체 무엇을 해야 할까요? 일반적으로 주로 많이 하는 말들은 고객과 술을 먹는 것입니다. 이른바 '음주 커뮤니케이션'이죠. 함께 술을 마시게 되면 확실히 고객과의 거리가 좁혀지긴 합니다. 그러나 기존 고객은 이 수법이 통하지만, 처음 대면하는 고객은 이 방법을 쓰기가 어렵습니다.

이전에 이 뉴스레터에서도 소개한 야베 히로시게(矢部廣重) 선생이 고객 명단을 활용한 감동 세일즈를 행해 고객들이 "졌다"라고 말하게 해서 신뢰 관계를 구축하는 것도 한 방법입니다. 이 방법은 나름의 효과가 있어서 야베 선생님의 책《노린 손님의 80%는 쓰러뜨릴 수 있다》를 꼭 읽어봐 주시길 바랍니다. 저로서는 겸연쩍은 부분이 있어 개인적으로는 처음 대면한 고객에게는 잘 쓰지 않습니다.

제가 개인적으로 사용하는 다른 방법을 하나 소개하겠습니다. 이 방법은 10~15분으로 상대와의 신뢰 관계를 획득할 수 있습니다. 하지만 악용해서는 안 됩니다. 그것만은 꼭 지켜주세요. 먼저 말씀드리지만 제가 고안한 방법은 아닙니다. 자크 워스라고 하는 미국인이 고안한 방법입니다.

이 방법의 포인트는 다음과 같습니다. 작은 소리로만 말씀드릴 수 있으니 주의 깊게 들어주세요.

신뢰 관계를 단기간에 구축하려면….
가망고객들에게 7세 이전의 이야기를 건넵니다.

잘못 읽으신 게 아닙니다.
가망고객들에게 7세 이전의 이야기를 던지는 것입니다.

왜 7세 이전의 이야기를 하냐고요? 상대가 거래에 응할지, 아닐지를 판단하기 위해서입니다. 방문한 고객이 7세 이전에 부모님과 갈등이 있었고, 그 갈등에서 현재까지 분노라는 형태가 지속되어 있다면, 거래해서는 안 됩니다. 왜냐하면 그 분노가 거래처가 될 여러분에게 향할 가능성이 아주 크기 때문입니다.

"상대의 자라온 환경을 듣고, 고객에게 그런 행동을 한다는 것은 너무 무리 아닌가요?"
"연배가 있는 분에게 하기에는 적합하지 않은 것 같은데요?"

이런 반응도 나올 수 있습니다. 사실 저도 이런 방법을 처음

금단의 세일즈 카피라이팅

들었을 때는 상당히 놀랐으니까요. 하지만 실제로 해보면 상대는 별로 개의치 않습니다. 우리가 던지는 질문에 그저 답할 뿐입니다. 반대로 생각보다 괜찮은 대화가 이어지기도 합니다.

상대가 분노를 드러낸다면 계약 성사는 이뤄지지 않습니다. 무리하게 계약을 진행해도 나중에 무리한 일이 벌어지게 됩니다. 거래는 결코 길게 이어지지 않습니다. 이 대화가 끝나고 나면 자연스럽게 상대를 향한 감정은 희석됩니다. 상대와 함께 어린 시절을 공유한 친구가 된 것처럼 감정을 나누게 됩니다. 즉, 다른 보통의 영업맨과 달리, 다른 차원의 감정을 공유한 특별한 관계가 되는 것입니다.

그렇다면 구체적으로 어떻게 실행해야 할까요?

7세 이전의 이야기를 가져가려면 현시점에서 시대를 거슬러 올라가면 됩니다. 마치 타임머신을 탄 듯한 이미지를 상상하면 되겠죠. 예를 들면 다음과 같은 질문을 합니다.

영업맨 : 언제 이 회사를 창업하셨나요?

상대 : 27년 전입니다.

영업맨 : 창업한 계기는요?

상대 : 글쎄요, 다른 직업이 없었습니다. 오일쇼크였거든요. 그래서 할 수 없이 시작하게 됐습니다.

영업맨 : 대학에서 무엇을 전공했습니까?

상대 : 경제입니다.

영업맨 : 경제를 공부하게 된 이유는 무엇인가요?

상대 : 고등학교에서 야구만 했는데, 막상 공부하려니 그것 밖에 생각이 나지 않았어요.

영업맨 : 야구를 시작하게 된 것은 언제입니까?

상대 : 아마도 6세 무렵인 것 같습니다. 그때 아버지와 캐치볼을 했던 것 같아요.

이렇게 대화를 이어가면, 비교적 단시간에 어린 시절로 돌아갈 수 있게 됩니다. 그리고 알아내고 싶은 것은 그와 부모님과의 관계입니다.

영업맨 : 부모님과의 관계는 어떠했습니까?

상대 : 어린 시절에는 꽤 무서웠습니다.

영업맨 : 왜죠?

상대 : 우리 집은 간장 공장을 했어요. 초등학교 때도 우리집 공장에서 일해야 했습니다. 일을 돕지 않으면 혼이 났어요.

영업맨 : 그때 어떻게 느끼셨나요?

상대 : 참 춥게 느껴졌습니다. 한겨울에도 찬물로 간장병을

금단의 세일즈 카피라이팅

씻어야 했습니다. 그런 부모님을 둔 것을 원망하기
도 했습니다.

영업맨 : 지금은 어떠신가요?

상대 : 아버지도, 어머니도 예전에 다 돌아가셨지요. 부모님
께 감사한 마음뿐입니다.

이런 대화가 오간 뒤, 급속도로 신뢰 관계가 쌓이게 됩니다.
거기까지 걸리는 시간은 단 10~15분이면 됩니다.

●세일즈 토크 특훈이 이뤄지는 비밀의 장소

여기까지의 모든 과정을 소화한다는 것은 힘들지도 모릅니
다. 그만큼 세일즈의 상식을 뒤집는 방법이기 때문이죠.

솔직하게 말씀드려서 지금 바로 세일즈에 활용하는 것은 상
당한 용기가 필요하다고 생각합니다. 그런데 핵심을 잡는 데
좋은 방법이 하나 있습니다. 고백하건대, 저는 술집에 갔을 때
이를 시험해봤습니다. 술집은 아가씨들이 여러 명 들어오기 때
문에 이것을 시험하기에 적합한 장소였습니다. 그래서 대화를
시도해봤습니다. 그러자 아가씨들이 전부 명함을 주거나 휴대
전화 번호를 건네서 깜짝 놀랐습니다.

이 방법은 미국에서 30년간 300개 업종의 최고 세일즈맨들

에게 공통되는 세일즈 방법을 자크 워스가 조사한 결과, 알게 된 방법입니다. 최고의 영업맨의 80~90%가 의식하지 못한 채 이 방법으로 신뢰 관계를 구축하고 있습니다.

특히 고액 상품을 판매하는 법인 영업을 하는 회사에 아주 혁명적인 방법입니다. 우리가 고자세로 돌진할 수 있는 것도 '이 방법을 알고 있으면 어떤 회사에서든지 최고의 영업맨이 될 것이다'라는 자신감이 있기 때문입니다.

'어떻게 이해해야 할지 할 말이 태산'인 상태겠지만, 이상하지는 않습니다. 저도 처음에는 그랬으니까요. 하지만 머릿속에 넣어놓고 생각을 떠올리면 그대로 실행해보는 것이 좋습니다. 그러면 제가 '깜짝 놀랄 비밀'을 말한 이유를 이해하실 수 있을 것입니다.

제5장

'간다 마사노리의
세일즈 레터' 편

지금부터 소개하는 4점의 편지는 간다 마사노리 스스로 사업을 성장시키기 위해 과거에 썼던 내용들입니다. 현재는 발매하지 않고 있거나, 그 내용이 바뀐 것이지만, 독자 여러분의 배움을 위해 당시의 원문 그대로 게재합니다. 이들 편지는 수많은 회사에 시간을 초월한 참고자료가 되어 지금도 매상을 올리는 데 일조하고 있습니다.

01 고객의 특별 이벤트를 위한 집객 노하우
발리 투어 참가자 모집 DM

· ·

실천회 회원에게 발송된 간다 마사노리의 해외 세미나를 알리기 위한 DM입니다. 여기서는 대상자(고객)에게 '비일상적인' 해외 세미나를 알리기 위해 어떻게 작성됐는지 살펴봅니다. '자신에게 관계가 있는 것', '이득이 되는 것'을 어떻게 상상하게 하는지에 주목해주세요.

이 DM의 포인트

1. 다급함이 엿보이는 제목
2. '현장감 있는 미래'를 상상하게 하는 서두
3. '승인을 얻는 것'으로 장애물이 높은 상품을 향한 마음을 리셋
4. 다시 '현장감이 있는 미래'
5. '자기 정당화'를 향한 지원

일본을 날아올라 돈을 버는 비즈니스를 발상한다!

세계의 억만장자들이 모이는 발리섬, 포시즌즈 호텔로

간다 마사노리와 동행하는 15개 객실, 30명을 급히 모집!

안녕하세요. 건강하신지요? 간다 마사노리입니다.

갑작스럽지만 이번 6월이 벌써부터 기대됩니다. 왜냐고요?

지금부터 그 이유를 말씀드리고자 합니다. 대단한 기획이 준비되어 있거든요.

여러분의 상상을 초월한 세계가 펼쳐집니다.

상상을 초월한 세계라니. 대체 뭘까요?

지금부터는 놀 마음이 없는 사람은 읽지 말아 주세요. 많은 사람에게 알리고 싶지 않은 내용이라서 말이죠. 놀 마음이 없는 분은 바로 이 편지를 쓰레기통에 버려주세요.[24]

사실 발리섬 포시즌즈 호텔의 최고급 리조트에서 세미나를 개최할 예정입니다. 미리 말씀드리지만, 보통의 세미나와 같다고 생각하시면 곤란합니다. 단순한 해외 세미나와도 다릅니다.

호텔에 들어선 순간, 아연실색하게 될 것입니다. 할 말을 잃게 될지도 모릅니다.

내기해도 좋습니다. 여러분은 평정심을 가질 수 없습니다. 어

---

24) 장벽이 높은 제안으로, 승인받고 있습니다.

금단의 세일즈 카피라이팅

린아이들처럼 신이 나서 뛰어다닐지도 모릅니다. 세상에 놀랍게도 전 객실 오두막이 있습니다. 그리고 그 오두막에 들어가면….

개인 수영장이 구비되어 있습니다. 여러분을 위한 전용 수영장입니다. 수영장에서 한참 논 다음에 편안한 의자에 몸을 기대면 거기에는?

맑고 푸른 바다가 끝도 없이 펼쳐집니다.

물론 객실도 여러분의 상상을 초월합니다. 우선 그 크기에 매우 놀랄 것입니다.

무려 200평. 틀림없습니다. 다시 한번 눈을 비벼보세요. 20평이 아닙니다. 200평입니다.

"우아, 엄청 넓잖아요. 억만장자는 이런 휴가를 보내는구나!! 용서할 수 없어!!25)"

여러분이 화가 나는 기분은 이해합니다. 그렇다고 화를 낼 필요도 없습니다. 왜냐하면 여기는 지금 여러분만의 장소이기 때문입니다.

"간다 마사노리 씨, 머리가 어떻게 되신 거 아닌가요? 왜 이런 고급 리조트에서 세미나를 하시는 것인가요?"

---

25) 부정적인 '마음의 소리'를 넣어서 협력 행동을 일으킵니다.

질문을 잘 해주셨습니다. 그렇습니다. 상식에서 벗어난 일이지요.[26) 이것은 말이죠. 하지만 아인슈타인(Einstein)은 이렇게 말했습니다.

"눈으로 확인하는 것이 중요합니다. 아이디어로 보이지 않는 것은 가치가 없는 아이디어입니다."

역시 아인슈타인이군요. 제가 말하고자 하는 의미를 한 문장으로 표현해주니까요. 저는 이 세미나를 통해 비상식적인, 신규 비즈니스의 힌트를 떠올리고 싶은 것입니다. 말해두지만 비즈니스는 발상이 전부입니다. 하나의 작은 발상이 수억 엔으로 변할 수 있습니다.

"그런 것은 잘 알고 있어요. 그 발상을 얻는 게 어려워서 그렇죠!"

그렇습니다. 그래서 떠올려야 합니다. 지금까지 여러분의 비즈니스를 끌어올린 계기가 대체 무엇이었는지 말이죠. 그 해답은 레벨이 높은 친구, 선생님과의 대화가 아닌가요? 어때요? 답을 맞혔죠? 그래요. 레벨이 높은 사람과 지내면 발상은 점점

---

26) 받아들이고 싶은 제안이라는 점을 강조합니다.

금단의 세일즈 카피라이팅

떠오르게 되어 있습니다.

중국의 속담에 이런 말이 있습니다.

"한 사람의 현자와 책상을 사이에 두고 나누는 대화는 100권의 책을 읽는 것보다 가치가 있습니다."

이런 특별한 기회를 제공하기 위해 특별한 레벨의 회원을 한정해 이번에 안내를 드리는 것입니다.

"고급 리조트 호텔에 가는 것은 좋은데, 대체 세미나의 구체적인 내용은 무엇인가요? 그것을 알 수 없다면 참가해도 되는지 알 수가 없습니다."

그렇군요. 물론 세미나니까 말이죠. 구체적인 내용을 알고 싶으실 것입니다. 그러면 제가 답을 드리도록 하겠습니다.

네. 구체적인 내용은 없습니다. 그러니까 구체적인 내용을 듣고 판단하고자 하는 분들은 안됐지만 이것은 여러분을 위한 세미나가 아닙니다. 솔직히 내용은 아직 정해지지 않았습니다. 정할 필요도 없고요.

오두막에 모여서 초호화 방에서 맛있는 것을 먹으면서 레벨이 높은 회원들끼리 모여 앉아 신규 비즈니스와 사회공헌에 대해 아이디어를 내고 싶은 것이 이번 세미나의 목적입니다. 내용이 정해지지 않았기 때문에 더욱 자유로운 발상을 나눌 수 있는 것입니다. 우뇌를 자극해 일본에서는 도무지 생각해낼 수 없는 비즈니스를 발상하려고 합니다.

그러기 위해서는 지금부터 10년 후 일본의 움직임을 예측해야만 합니다. 지금부터 격동의 10년 동안, 우리는 대체 어떤 역할을 해야 할지 고민해야 할 필요가 있습니다.

세미나를 하면서 말씀을 나누고 싶은 주제입니다만, 앞으로의 10년은 급속한 부의 집중이 일어날 것으로 예측합니다. 빌 게이츠(Bill Gates)를 떠올려 보세요. 그는 1980년대에 장래의 디지털 세상을 예측하고 상당한 부를 거머쥐었습니다. 이처럼 사회의 인프라가 바뀌는 순간이 오면, 소수의 인간만이 부를 획득하게 됩니다.

저는 2010년부터 디지털 혁명에 필적하는 인프라의 변동이 일어날 것으로 예측합니다. 그래서 저는 지금 그에 대비하기 위한 초석을 다지고 있습니다. 발리섬에서는 그 생각에 공명하기 위한 파트너를 만들었으면 합니다.

따라서 저는 솔직히 이번에는 레벨이 낮은 분은 동행하고 싶지 않습니다. 또한, 나만 벌면 된다고 생각하는 사람도 거절합니다.

금단의 세일즈 카피라이팅

제가 원하는 동행자는 다음과 같습니다.

1. 사회를 바꾸고 싶은, 역사에 이름을 남기고 싶은 혁명가
2. 비상식적인 자유와 비상식적인 부를 거머쥐어 그것을 사람을 위해 쓰고 싶은 정열가
3. 너무 진지해지지 않고 놀면서 세상을 더 살기 좋게 바꾸고 싶다는 순한 사람
4. 신사 또는 숙녀
5. 어쨌든 재미있는 사람

여러분이 1~5번 사이에 어디든 해당한다면, 저와 동행하셔도 좋습니다. 제가 새로운 세상으로 여러분을 안내하겠습니다.

먼저 이 세미나에 참가하면 호텔은 밤 11시에 도착합니다. 한가하니 희망하는 분들은 우리끼리 한잔 하실 수도 있습니다. 그리고 아침이 되면 파도 소리를 들으며 눈을 뜹니다.[27] 아름다운 푸른 하늘이 펼쳐집니다. 아, 이런 생활, 해보지 않으면 알 수가 없습니다. 억만장자가 되기 위해서는 억만장자가 된 이미지를 명확하게 가져보는 것이 중요합니다. 이것으로 비주얼은 완벽합니다.

---

27) 오감을 느끼게 하는 이미지입니다.

게다가 발리섬은 현재 세계에서도 발상을 틔울 장소로 가장 적합한 곳입니다. 발리에 가서 다음의 10년의 방향성을 결심하고 돌아온 사장님도 있었다고 합니다.

첫날 오전 9시부터 12시는 세미나를 합니다.[28] 강연자는 저, 간다 마사노리입니다. 내용은 비밀입니다. 사실 아직 결정이 안 됐습니다. 그 장소에 맞게 필요한 사람에 따라 필요한 이야기를 할 예정입니다. 중심적으로 나눌 주제는 앞으로 수년간 비즈니스의 기회가 어디에서 오는지 등의 이야기일 것입니다. 근시안으로 내다보는 이야기는 하지 않을 것입니다. 거액의 부를 어떻게 하면 이룰 수 있는지, 어떻게 하면 일으킬 수 있는지를 주로 이야기할 예정입니다.

오후에는 각자의 연구 시간을 갖기로 합니다. 전용 수영장에서 편히 쉬면서 멋진 풍광 속에서 지금까지 놓쳤던 독서를 합니다. 아니면 말이 잘 통하는 분과 비즈니스 계획에 관해 이야기를 나눕니다.

그 후에는 다시 저녁을 먹고 농담을 좀 나눈 후에 앞으로의 일본에 대해 거대 담론을 나눌 것입니다. 여기까지 한숨이 나오는 지점이 있나요?

이번에는 특별 게스트가 있습니다. 여기서부터는 진짜 비밀이기 때문에 동행할 분들만 읽어봐 주시길 바랍니다. 미리 입

---

28) 일련의 스케줄을 알려줌으로써 미래를 이미지화합니다.

금단의 세일즈 카피라이팅

밖으로 소문내고 싶지는 않지만, 저의 친구이기도 한 점성술의 대가 라이몽(來夢) 선생님을 게스트로 모시기로 했습니다.

라이몽 선생님은 일본을 대표하는 실력파 점성술사입니다. 특히 경영에 있어서 별의 움직임을 활용하는 관점에서 이 사람의 힘을 빌리고 싶지 않은 사람은 없을 것입니다. '별의 관점에서 본 일본 경제, 그리고 경영자를 위한 별의 활용'이라는 주제로 강연을 부탁드릴 예정입니다.

"네? 간다 마사노리 선생님, 점성술을 믿으시는 것인가요?"

놀라셨나요? 저는 딱히 점성술을 믿는 게 아닙니다. 저는 좋은 정보를 활용할 뿐입니다. 저는 미국에서 배운 게 있습니다. 백만장자는 별을 믿지 않지만, 억만장자는 이를 활용한다는 것을요. 미신을 맹신하느냐, 안 하느냐의 질문을 받고 있지만, 라이몽 선생은 단순히 점이 맞느냐, 안 맞느냐의 문제를 넘어서서 우리의 성장을 위한 과제를 어떻게 도전할 것인지의 관점에서 세상을 바라보고 있습니다. 즉, 경영자의 자기 성장을 보전하기 위해 별을 어떻게 활용할 것인지에 대한 방법을 알려주고 있는 것이죠.

이처럼 비상식적인 해외 세미나지만, 그 누구라도 함께할 수 있는 것은 아닙니다. 이번에 동행할 수 있는 분들은 특별한 분,

15개 객실의 30명으로 한정하고 있습니다. 이 호텔은 최고급 호텔로서 단체가 묵을 수 있는 호텔이 아닙니다. 그런데 어떻게든 맞춰서 15개 객실을 확보할 수 있었습니다. 각 객실 하나에 2명이 묵습니다. 배우자, 중요한 직원을 동행하시면 좋습니다. 사모님들을 위한 피부 관리, 요리 교실도 준비되어 있습니다.29)

아쉽지만 엑스트라 침대는 준비되지 않습니다. 최고급 호텔의 규칙을 따라 12세 이하의 어린이도 동행이 불가합니다.

지금까지 '이것은 저와 여러분을 위한 해외 세미나'라고 직감적으로 느끼신 여러분. 고민할 시간은 필요 없습니다. 지금 바로 신청서에 기재해 팩스로 전송 부탁드립니다.

추신 : 이 해외 세미나는 아마도 최초이자 마지막일 것입니다.

---

29) 구매의 장애물을 제거합니다.

02 '상식의 붕괴'에서 '현실의 재구성'을 향한 시나리오

카피라이팅 세미나

많은 비즈니스맨에게 영향을 줬던 '걸작 세미나'의 추가 강연 모집 세일즈 레터입니다. 'PASONA의 법칙'을 응용해 만든 상품(세미나)의 이점을 보여줍니다. 그 내용의 '구체성'은 '읽히기 위한' 문장의 열쇠가 됩니다.

이 DM의 포인트

1. 제목의 '~법'
2. 스토리텔링을 활용해 신뢰성을 연출하는 문장
3. '상식의 붕괴'에 따른 '문제의 초점화'를 그리다
4. 다급함 → '꼼꼼하게 부추기는' 방법
5. '클리프 행어' 효과

고객획득실천회 회원들에게 긴급 안내

카피라이팅 세미나 추가 강연 결정!

– 한 번 수강한 회원 기업의 사원은 반액으로 신청할 수 있습니다 –

80대 20의 법칙 : 2할의 노력으로 8할의 결과를 내는 방법[30)]

먼저 저의 하루를 소개할까 합니다.[31)]

오전 9시부터 오후 6시까지 20분씩 전화상담을 받습니다. 점심시간은 30분입니다.

하루 25개사에 상담에 관한 대답을 합니다.

이것을 주 3일, 매달 반복하면 평균 300개사에 상담하는 것을 알 수 있습니다.

상담하는 내용 중에는 "앞으로 3개월밖에 남지 않았습니다. 살려주세요"라고 하는 자극적인 내용도 있습니다.

대부분의 상담 내용은 "어떻게 하면 단기간에 매상을 올릴 수 있습니까?"에 대한 것입니다.

그런 질문에 대해 저는 20분 이내로 구체적인 아웃풋을 전달하는 것이 가능합니다.

---

30) '~의 방법', '~법' 이렇게 부름으로써 신뢰성을 높입니다.
31) 스토리텔링의 시작입니다. 글쓴이 본인의 이야기는 신뢰성과 공감을 불러일으킵니다.

혹시 저는 천재일까요? 솔직하게 대답하겠습니다. 저의 머리는 확실히 좋은 편이 아닙니다. 학력은 있지만, 성적은 전부 낙제를 받을 정도로 아슬아슬했습니다.

하지만 이렇게 머리가 안 좋은 저도 300개가 넘는 상담에 잘 따라가다 보면 알게 되는 것이 있습니다. 그 핵심이란 무엇일까요?

보통은 이렇게 생각하게 됩니다. '어떻게 하면 잘 팔 수 있을까?'라고요. 하지만 이 질문 자체가 치명적으로 틀렸다는 것[32]을 잘 모릅니다. 질문이 틀리면 당연히 대답도 틀립니다. 즉, 틀린 문제를 내기 때문에 함정에 빠지는 회사가 많습니다.

생각하지 않으면 안 되는 것은 '어떻게 하면 잘 팔릴 수 있느냐?'가 아닙니다. "고객이 물건을 사고 싶어지게 하려면 어떻게 해야 하느냐?"입니다.

사고 싶어지는 고객의 감정에서 역으로 계산해, 상품을 구성해야 합니다. 그리고 회사의 우수성을 명확하게 합니다. 그렇게 하면 최단기간에 고객이 사고 싶어지는 지점을 찾을 수 있게 됩니다. 즉, 최단 거리로 사고 싶어지는 지점을 찾으려면, 근시안적인 태도로는 절대로 찾을 수가 없습니다. 근시안적인

---

32) 상식의 붕괴를 선언함과 동시에 문제를 초점화합니다.

테크닉은 무수하게 많습니다. 하지만 한 달에 300개사의 상담을 진행하면서 알게 된 것이 있습니다. 그것은 단지 2할의 테크닉을 사용함으로써 8할의 문제는 눈 녹듯이 사라진다는 것입니다.

그렇다면 그 2할의 열쇠는 무엇일까요?

이 2할의 열쇠를 철저하게 마스터할 수 있는 집중 세미나를 이번에 개최합니다. 실천할 수 있는, 정말로 필요한 지식만 전달합니다. 경영자뿐만 아니라 경영활동에 관계되는 모든 사람이 참가해주셨으면 합니다.

이번 세미나에서 공개하는 최신 테크닉에 대해 일부를 소개하자면 다음과 같습니다.

● 구매하고 싶어지는 접점의 명확화를 위한 최단 접근법
- 20분간 세일즈 콘셉트 명확화법 -

300개사가 넘는 회사로부터 상담을 받는 저의 발상법을 객관적으로 분석해서 알게 된 것이 있습니다. 문제를 해결하려면 단 5가지의 질문만 던지면 된다는 것이죠. 이 5가지의 질문을 던지는 것으로 상담을 받는 여러분은 스스로 해답을 찾게 됩니다.

금단의 세일즈 카피라이팅

간략하고 실용적인 문제해결 모델을 공개합니다. 마인드맵을 통해 직원이, 또는 파트너사의 직원들도 아이디어를 창출할 수 있게 됩니다. 단기간에 전단지, 광고 작성의 핵심 개념(접점)을 명확화할 수 있게 됩니다.

●사고 싶은 기분을 고객 스스로 느끼게 하는 'PASONA 의 법칙'이란?

팔리는 문장을 쓰는 비결은 임팩트가 있는 글자나 문구를 쓰는 것이 아닙니다. 사람의 감정은 개별의 임팩트가 있는 문구로 결정되는 것이 아닌, 무엇이 어떤 순번으로 전달되는 것인지에 따라 조작할 수 있습니다. 이렇게 물건을 구매하고 싶은 기분을 일으키는 구입 모델이 바로 PASONA의 법칙입니다.

제가 쓰는 DM은 대부분 이 PASONA의 법칙을 이용하고 있습니다. 그 결과 저와 개별 컨설팅 계약을 맺은 클라이언트는 1개사를 남기고(사내 불협화음 때문에 실천할 수 없었음), 전부 계약 기간 중에 컨설팅 비용을 대폭 올려 수익을 창출했습니다. 그만큼 강력한 모델을 공개합니다.

● 매출 향상이 입증된 효과적인 도구를 한 번에 공개!

- 고객을 늘리는 단계별 카피라이팅 사례 -

비즈니스는 간단합니다. 그것은 ① 가망고객을 효과적인 비용으로 찾아내서, ② 계약을 성사하고, ③ 그리고 재구매율을 올리는 것입니다. 하지만 많은 회사가 막혀 있는 것은 ①, ②, ③ 단계에서 어떤 도구를 써야 할지 구체적인 준비를 하지 못하고 있다는 점입니다. 즉, 무기를 갖추지 않고 전쟁에 나가는 격이라고 할 수 있죠. 무기를 갖추고 있다면 전혀 차원이 다른 전쟁이 가능해집니다. 따라서 회원이 실천해 효과를 거둔 장치 (광고, 판촉물)를 비즈니스 단계별로 공개합니다.

예를 들면, '가망고객을 효과적으로 모으려면? 샘플을 사용하게 하고 싶다면? 첫 구매의 성사율을 높이려면? 몇 년째 잠들어 있는 휴면고객을 깨우려면? 기존 고객 유출을 막기 위한 지속적인 프로그램을 부팅하려면? 소개를 늘리려면? 외상 매출의 회수율을 20% 올리려면?' 등등입니다.

이렇게 상황별로 사용해야 할 장치(광고, 전단지, DM) 사례와 그 포인트를 해설합니다. 이상과 같이 최소 2일 걸리는 내용을 하루에 응축한 세미나로 개최합니다. 하루에 이 모든 내용을 다 해서 시간은 매우 **빡빡합니다**. 점심시간 포함이지만, 점심을 먹으면서 질의응답을 계속 진행하겠습니다.

참가비용 : 1인 45,000엔 (점심 포함, 부가세 별도) 한 회사에서 여러 명 참석해도 좋습니다.

우대할인 : 작년도 카피라이팅 세미나 비디오 구매자 또는 카피라이팅 세미나 참가자, 가루이자와 세미나 졸업생은 3만 엔(점심 포함, 부가세 별도)으로 우대합니다. VIP 회원은 25,000엔(점심 포함, 부가세 별도)입니다. 이미 카피라이팅 세미나 2000을 모두 수강한 회사의 직원은 22,500엔으로 재수강이 가능합니다.

개최 장소 및 일시

- ○월 ×일 (목) 도쿄 이치타니 아르카디아 오전 9시~오후 6시
- ○월 △일 (금) 도쿄 이치타니 아르카디아 오전 9시~오후 6시

사과의 말씀

사전에 양해 바랍니다. 이번 세미나의 정원이 90명이므로 이번에도 많은 회원님의 신청을 다 받아들이기가 어렵습니다.[33]

---

33) 긴급한 내용, 한정된 내용을 정중하게 거절하는 것으로 신뢰성을 높입니다.

또한, 매회 안내가 나가고 난 후 2주 정도면 만석이 되므로 이번에도 조기에 만석이 됐을 때는 모쪼록 미리 양해의 말씀 드립니다.

성공한 사람은 2할의 노력으로 8할의 결과를 얻는 사람입니다. 부디 그 요령을 실천할 수 있기를 바랍니다. 그럼 행사장에서 뵙게 될 날을 기대하고 있겠습니다.

추신 : 이 편지도 PASONA의 법칙을 활용하고 있습니다. 어디서 사용했을까요? 그 비밀은 세미나에서 알려드립니다.[34]

---

34) '지속성'을 세미나 자체에 넣기 = '클리프 행어 효과'입니다.

03 신뢰 관계를 더욱 높이는, 의인법을 활용한 캐릭터 설정

'알막 쥐'가 보낸 편지

....

간다 마사노리로부터의 알림(세일즈)에 대해 다양한 장면에서 등장한 것이 오리지널 캐릭터인 '알막 쥐'입니다. 비주얼이 확립된 것이 아닌, 단지 문장 속에서 살아 있는 캐릭터이지만, 그의 '일하는 모습'이라고 한다면 제법 어울립니다.

이 DM의 포인트

1. '우리는 고양이다' 법
2. 문장을 사로잡는 다급함
3. 본문 스토리텔링 → 문제, 그리고 교훈(깨달음)
4. 주인공을 향한 동조(구체적 행동의 시사 → 상상의 현실화)
5. 행동 → 주인공으로부터의 구매의 시작

(처음 알막 쥐가 보내는 편지)

실천회 회원인 인간에게

안녕하세요. 처음 뵙겠습니다. 저는 알막의 사무소에 사는 쥐입니다.<u>35)</u> 왠지 이 사무실은 종이가 많아서 먹을 것이 많아 보여 1년 전부터 둥지를 틀고 있습니다. 점심때는 바빠서 보이지 않게 조심하고는 있는데, 밤이 되면 이렇게 컴퓨터에 손대고 있습니다. 대박이죠.

제가 좋아하는 것은 뉴스레터입니다. 매달 한 번씩 만들어진다고 하더군요. **딱 치아가 자랐을 때 갈기 좋더군요**. 이 뉴스레터는 좀 곤란한 게 있어서 말이죠. 글쎄, 발행일이 자꾸 늦어지는 것 아니겠어요? 처음에는 15일에 발행했는데, 요즘에는 25일이 되어야 겨우 인쇄한다니까요. 그래서 제 이빨이 자꾸 자라서 큰일입니다.

그런데 이번에 대량으로 뉴스레터가 인쇄되어왔어요. 게다가 1호에서 16까지 제본되어왔지 뭐예요? 제본되어 있을 뿐이어서 내용은 그다지 대단한 게 아니라고 생각해요. 하지만 이 **합본판 뉴스레터**는 사무소에 놓여 있으면 점점 이상하게 없어지더라고요. 입소문으로 점점 퍼져나가는가 봐요. 이것을 읽

---

35) 의인화된 캐릭터입니다. '농담을 공유'함으로써 신뢰성을 얻습니다.

은 사람은 이렇게 말하더군요.

"다시 읽어보니 잊고 있었던 것이 산더미처럼 쌓여 있었습니다."

"오늘 질문이 많았는데 여기 대답이 다 있네요?"

"이 뉴스레터는 대단하네요. 이제 이것만으로도 회비가 낼 마음이 생겼어요."

뭔가 누구나 자신과 관련된 부분에 메모를 쓰거나 포스트잇을 붙이기 때문에 엄청난 자극이 되는 것 같아요. 어제 사무소에 온 사람은 기차 안에서 무심히 읽은 것을 **휴지처럼 찢어서 책갈피**로 넣고 다니더라고요.

저는 인간이 아니어서 잘 모르겠습니다. 하지만 사무소에 오는 사람들 모두가 이 합본판 뉴스레터에 감격합니다. 그러니 여러분도 한 권 챙기는 것이 좋을 것 같아요. 이 사무소의 주인 간다 마사노리 씨는 언제나처럼 정가 15,000엔에 팔려고 하고 있어요. 그것은 좀 별로이지 않나요? 그래서 **아까 저의 이 빨로 15,000엔의 첫 글자인 1을 갉아서 먹어버렸어요.** 그러니 지금은 5,000엔이 되어 있을 것입니다. 일단 1을 깎아낸 **부수는 53권.** 앞으로 좀 더 노력해볼까 하는데요. 이제 간다 마사노리 씨가 돌아올 시간이라 안 되겠어요.

혹시 여러분이 이 합본판 뉴스레터를 가지고 싶다면 지금이 기회입니다. 쥐인 내가 할 말은 아니지만, 직원을 단련하기에 참 좋은 도구 같아요. 그럼 이제 두 번 다시 편지를 보낼 수는 없겠지만, 저는 거짓말을 하지 않아요. 회사에 한 권쯤은 꼭 비치해두는 게 좋을 것 같아요.

알막의 사무소에 사는

쥐로부터

(편지 원문)

금단의 세일즈 카피라이팅

(두 번째로 '알막 쥐'가 보내는 편지)

실천회 회원인 인간에게

기억하고 있나요? 저는 알막 사무소에 있는 쥐입니다. 매년 한 번 실천회 회원들 앞에 출몰하게 되네요. 이번에 일부러 한밤중에 간다 마사노리 씨의 눈을 피해 타이핑하고 있는 이유는 아주 중대한 사건이 있기 때문입니다.

일단은 들어봐주세요.[36] 사실 저의 동료 쥐인 3마리가 납치됐습니다. 납치된 쥐의 이름은 '구레', '슈퍼', 그리고 '워치'입니다. 모두 좋은 녀석들인데, 뇌신경학자인 인간의 실험 소재로 사용된 모양입니다. 대체 어떤 실험을 한 것 같냐고요?

그것은 정말 지독한 실험이었습니다. 구레는 회색 상자에 담겼습니다. 슈퍼도 상자에 담겼는데 거기에는 그네라던가, 바퀴라던가 하는 장난감이 들어 있었어요. 실험의 목적은 환경이 뇌에 미치는 영향을 알아보기 위해서였던 것 같아요.

그랬더니 어떻게 됐을 것 같아요? 슈퍼는 점점 머리가 좋아졌어요. 구레는 살아 있지만 죽은 것인지, 산 것인지 모를 정도

---

36) 이야기의 주인공 같은 다급함을 살립니다.

로 조용했어요. 실제로 구레가 일찍 죽었습니다. 슈퍼는 인간이라면 90살이 넘는 나이까지 장수했죠.

해부했더니 슈퍼의 뇌는 꽤 무거웠었나 봅니다. 뇌신경을 이어가는 커넥터가 구레와 비교도 할 수 없을 정도로 많았다고 하죠. 구레는 정말 불쌍하네요. 그런 보잘것없는 인생이라면 빨리 죽고 싶었을지도 모릅니다.

참, 워치는 어떻게 됐냐고요? 워치는 투명한 상자 안에 넣어졌어요. 그러고는 슈퍼가 재미있게 노는 것을 그저 바라만 봤다고 해요. 그러니까 보고는 있지만, 같이 놀 수는 없었던 거죠. 그랬더니 워치도 빨리 죽어버렸습니다. 머리도 부스스했다고 해요.

인간은 참 끔찍한 일을 잘도 저지릅니다. 저는 복수를 하려고 해요. 어떻게요? 그거야 당연히 마구 놀고 재미있게 사는 것이지요! 이 실험 결과를 보면 알 수 있지 않나요? 재미있게 살지 못하는 쥐는 머리가 좋아질 수 없다는 것을요. 게다가 단명하기까지. 놀고 재미있게 인생을 산 쥐는 머리도 좋아지고, 게다가 건강하기까지 했어요. <u>보고만 있는 쥐는 결코 머리가 좋아질 수 없었고요.</u>[37]

그래서 저는 결심했습니다. 저는 슈퍼처럼 건강하게 놀고 재미있게 살고, 똑똑해지겠다고요. 그게 바로 인간에게 복수하는

---

37) 이야기에서 튀어나온 교훈입니다.

금단의 세일즈 카피라이팅

길 아닌가요? 똑똑해지지 않으면 인간에게 복수할 수 없을 테니까요. 하긴, 실천회의 뉴스레터에서 말하고 있지만, 그저 문제를 보고만 있었던 워치는 현명해지지 않았어요. 이것은 어쩌면 실천하지 않고 보고만 있는 인간도 결국 아무것도 하지 않은 인간과 똑같다는 이야기 맞죠?

　뉴스레터의 백넘버를 읽으면 돈을 버는 힌트가 많이 나와요. 쥐인 저도 실천하려고 하는데, 인간인 여러분도 실천해보시는 게 어떨까요?[38] 그래서 여러분을 위해 뉴스레터의 백넘버를 취합한 합본판을 만들어봤어요. 게다가 팩스 레터의 백넘버도 붙어 있습니다. 이것을 자기 회사로 확장할 힌트를 10개 찾으면, 반드시 좋은 결과를 얻게 될 거예요.

　이제 보고만 있는 워치는 안 돼요. 실천이 중요합니다. 저는 슈퍼 쥐가 되기로 했어요. 그럼 합본판이 필요하면, 다음의 용지로 신청을 부탁해요.[39] 발송은 1월 중순부터 가능합니다.

---

38) 주인공이 보내는 메시지입니다.
39) 행동(Action)을 불러일으키는 것도 이야기 일부라는 것을 잊지 마세요.

04 30억 엔 이상을 이어 나가는 DM

'포토 리딩' 교재 안내

· ·

'상식을 부수는, 속독을 초월한 속독법.' 수많은 성공 사례를 배출한 '전설의 강좌'의 '전설의 안내'를 소개합니다. 역시나 상식을 벗어나는 '있을 수 없는 현실'과 '설득력이 있는 압도적인 신뢰성'의 차이를 체험해보시기 바랍니다.

이 DM의
포인트

1. '있을 수 없는 현실'의 제목 ← 반드시 '압도적인 신뢰성'으로 백업
2. 이득을 기대하기 위한 서두
3. 이득, 효과를 다양한 관점에서 설명. 자신의 체험, 타인의 체험, 공적인 데이터, 세부 설명 등
4. 세이프티 넷 → '행동을 위한 부름'

금단의 세일즈 카피라이팅

"지금까지 50시간 걸렸던 공부를 단 5시간 만에 끝낼 수 있었다! 지금까지의 공부 방법은 뭐였단 말인가?"

자격시험 수강자가 말문을 열었습니다. 지금까지의 속독과는 다르다고 말이죠. 전 세계 20만 명이 배우고 있는 성공률 96%의 포토 리딩이란 대체 무엇일까요? AT&J, 3M, 애플컴퓨터, 아메리칸 익스프레스 등을 비롯한 미국 톱 기업 직원들이 현재 연수 중입니다.

이 편지는 중요한 편지입니다. 여러분에게 시간이 충분해서 읽고 싶은 책을 모두 읽을 수 있다면, 이 편지를 굳이 읽을 필요가 없습니다. 하지만 여러분이 더 나은 정보를 지금까지와는 다른 수분의 1의 시간으로 습득하고 싶다면? 그리고 그 <u>많은 양의 문장을 다음에서 다음으로 계속 처리하고 싶다면?</u>[40] 이 편지는 그런 여러분에게 상당히 중요한 내용을 전달할 수 있을 것입니다.

솔직히 제 인생은 포토 리딩을 만나면서 크게 달라졌습니다. 그만큼 임팩트가 있는 방법입니다. 앞으로 이야기할 내용은 상식과 많이 달라서 쉽게 믿을 수 없을지도 모릅니다. 하지만 과장은 없습니다. 진실임을 약속드립니다.

---

40) 여기서 '효과'를 선언합니다. 이득을 나열하는 것만이 아닌, 이득을 설명하기 전에 상황을 말함으로써 보다 효과적으로 이득이 전달됩니다.

안녕하세요. 저는 경영컨설턴트 간다 마사노리라고 합니다. 지금까지 4권의 책을 세상에 내보냈습니다. 마케팅 관련 실용서적으로, 덕분에《당신의 회사가 90일 안에 돈을 번다!》,《입소문 전염병》은 누계 15만 부가 팔린 베스트셀러가 됐습니다. 월간지 〈벤처클럽〉에서는 <u>일본의 컨설턴트 101명 안에 선출되기도 했습니다.</u>**41)**

이런 일을 하고 있으면 상당한 공부가, 독서가로 알려지는 것 같습니다. 솔직하게 고백하겠습니다.

사실 저는 거의 책을 읽지 않았습니다. 물론 읽고 싶은 책은 수없이 많습니다. 하지만 업무가 많아서 읽을 틈이 없었습니다. 이불에 들어가서 책을 읽거나 하면 10분 후에 잠이 쏟아지곤 합니다. <u>으이구.</u>**42)**

그 결과, 책을 전혀 읽을 일이 없었습니다. 일주일에 겨우 1권 읽을 정도였습니다. 그런데 지금은 거의 매일 1권씩 책을 읽고 있습니다. 자기 전에 10분, 일어난 후에 20~30분 독서를 실천합니다. 그렇게 해서 1권의 책을 마무리합니다. 게다가 이해력은 이전보다 더 좋아지고 있습니다.

이렇게 빨리 독서를 완료할 수 있게 된 것은 미국에서 개발한

---

41) 신뢰성, 신빙성을 줍니다.
42) 여기서 약함을 보여줌으로 문제를 초점화합니다.

포토 리딩을 배웠기 때문입니다. 포토 리딩은 척척 사진을 찍듯이 초당 약 1페이지의 속도로 책을 읽어 내려가는 기법을 말합니다. 이 능력은 누구나 익힐 수 있습니다. 사실 저희 직원도 포토 리딩을 연수받았습니다. 여성 직원 2명이었는데, 이 연수가 끝난 다음부터 하루에 1권의 책을 읽는 것이 가능해졌습니다. 두 달이 지나자 그사이 읽은 책은 무려 60권입니다.

생각해보세요. 어떤 대학교수라도 특정 분야의 책을 1,000권 이상 읽는 사람은 드뭅니다. 현실에서는 60권을 읽으면, 특정 분야의 탑 클래스의 지식을 가진 사람대접을 받습니다. 이렇게 지식을 습득할 속도를 장착하게 되면, 불과 60일 안에 권위가 설 정도의 지식을 갖게 됩니다.[43]

사실 저희처럼 지금보다 몇 배의 속도로 책을 읽을 수 있게 된 사람들이 상당히 늘어나고 있습니다. 그중 한 사람인 군마현 마에바시시에 사는 소노 씨로부터 다음과 같은 편지를 받게 됐습니다.

43) 이득을 현장감 있게 설명합니다.

● 자격시험에서 이용

저는 자격시험(중소기업진단사 시험)에 도전하고 있습니다.

시험 대책으로 중소기업백서나 중소기업시책총람(두툼한 정부 간행물) 등의 전문 서적을 봐야만 합니다. 읽는 것에 그치지 않고 시험에서 틀리지 않도록 제대로 이해해야 합니다. 물론 암기해야 하는 전문용어나 키워드도 있습니다.

그중에는 지금까지 본 적도 없고, 들어본 적도 없는 난생처음 들어보는 말도 한두 개 있습니다.

정부 간행물이나 전문 서적을 노트에 옮겨 적었습니다. 키워드를 머릿속에 남기기 위해 단어 카드도 만들어봤습니다. 매일 이 작업의 연속입니다. 정말 힘들고 괴로웠습니다. 울고 싶어질 정도였습니다.

외우기 힘든 단어 카드를 침대에 붙이고, "왜 나는 머리가 나쁜 거지?" 하면서 눈물을 흘린 적도 많았습니다.

그런데 포토 리딩 수업을 들은 후부터 제일 어려운 과목을 포토 리딩 홀 마인드 시스템을 활용해 공부해봤습니다. 우선 기본이 되는 전문 서적을 포토 리딩해봤습니다.

뇌에 저장한 정보를 숙성하기 위해 매일 밤 잠에서 깹니다. 그리고 속독을 실행합니다. 중요한 포인트는 마인드맵으로 기록합니다. 이런 과정을 계속하다 보니 지금까지 한 과목을 끝내는 데 50시간 걸렸던 시간이 불과 5시간 걸리는 것으로 줄었습니다. 게다가 이해도는 지금보다 훨씬 더 깊어졌습니다.

소노 씨는 당시 자격시험에 한 번 실패해 정신적으로 매우 우울한 시간을 보내고 있었습니다. 마침 그 무렵, 이 포토 리딩을 만나 다시 한번 시험에 재도전하기로 마음을 먹었던 차였죠. 그리고 앞서 서술한 것처럼 포토 리딩을 시험공부에 응용했더니 1차 시험에 합격할 수 있었습니다. 현재는 2차 시험을 위해 즐겁게 공부하고 있다고 합니다.

자격시험 수강자 이외에 포토 리딩을 배운 사람의 극히 일부를 소개해볼까요?

"그 경험으로부터 오늘이 3일째입니다. 이미 포토 리딩으로 11권의 책을 읽었고, 10장 이상의 마인드맵을 손에 넣었습니다. 이미 손에 넣은 지식은 업무에 활용하고 있습니다. 기존 업무에서 메뉴 향상의 힌트까지 얻고 있습니다. 앞으로 반년 동안 500권의 책을 읽는 것을 목표로 하고 있습니다. 솔직히 포토 리딩이라고 하는 기술을 손에 쥐어도 대단한 목표라고 생각합니다. 하지만 이것도 다음 스텝을 위한 과정이라고 생각하니 신기할 따름이네요. 결국 욕망은 점점 커지고, 모처럼 훌륭한 도구를 손에 넣어도 바쁜 것은 변하지 않는 것 같습니다.

짧은 인생이지만, 몇 번인가 자신이 승화되어 간다는 것을 실감했습니다. 그 스텝업은 과거의 연장이 아닌, 지금까지의 노력이 꽃으로 한 번에 만개하는 느낌입니다. 그리고 그것이 이번 3일간의 세미나에서 일어났습니다. 이런 체험은 단순히 감사의 인사로 끝내기에는 너무도 소중한 경험입니다. 정말로 감사드립니다."

(주식회사 아운 대표이사, 세무사 오카모토 리로(岡本吏郎) 님)

"이것은 최강의 비즈니스 툴입니다!"

"세미나가 끝나고 일주일이 지났습니다. 아직도 이 포토 리딩을 만난 감동과 흥분이 여전히 식지 않고 있습니다. 대량의 서류와 메일, 산더미 같이 쌓인 신문, 잡지, 서적이 차곡차곡 정리되어 갑니다. 스트레스에서도 해방됐습니다. 그 어떤 자기계발법이나 이완법보다 강력합니다. 3년 후, 5년 후의 제 능력을 기대하면 이제 두렵기까지 합니다."

(어시스트 경영, 대표 사와다 타츠야(澤田多津也) 님)

· 지금까지 최대의 난관이었던 대량의 서류, 정기간행물, 서적 등의 독해가 놀라울 정도로 간단해졌습니다.
· 짧은 시간이라도 일단 포토 리딩한 책에 대해서는 자신감 있게 그 내용을 말할 수 있게 됐습니다.
· 영어 사전의 포토 리딩을 실행했더니 영어가 아주 가깝게 느껴지게 됐습니다.
· 앞으로 대량의 정보를 음미하지 않으면 안 되는 시대에 즈음

금단의 세일즈 카피라이팅

해, 불가결한 기술이라고 재차 인식했습니다.

(주식회사 파스미디어 대표이사 스도 타카시(主藤孝司) 님)

대체 왜 속독 스피드가 올라가는 것일까요? 다시 말하지만, 일반적인 속독과는 다릅니다. 포토 리딩은 대뇌생리학, 인지심리학, 신경언어 프로그래밍, 그리고 가속 학습(Accelerative learning)의 최첨단 지식을 기반으로 개발한, 정보처리의 스피드를 높이는 기술입니다. 인간의 뇌가 4%밖에 사용하지 않는다는 이야기는 많이 들어보셨을 것입니다. 하지만 나머지 96%를 어떻게 사용할지는 아무도 가르쳐주지 않습니다.

좌뇌는 언어를, 우뇌는 그림이나 도표를 처리합니다. 이런 식으로 분담 작업이 이뤄지는 것이죠. 좌뇌는 7±2바이트의 정보밖에 처리하지 못합니다. 전화번호의 자리가 8자리 이상 넘어가면 잘 기억을 못 하는 것과 같은 이치입니다.

하지만 우뇌는 이미지를 처리하는 뇌이기 때문에 사진처럼(주 : 뇌의 기능 모델의 사진이 게재된) 몇백만 바이트의 정보를 담을 수 있습니다. 포토 리딩은 좌뇌와 우뇌의 역할 차이를 바탕으로 전뇌의 균형을 좋게 활용합니다. 그 결과, 엄청난 속도로 문장이 처리되는 것입니다.[44] 다음의 그래프(주 : 그래프가 게재되어 있음)는 '천재(Genius)'라고 제목을 붙인 미국의 TV 프로그램이

----

44) 합리적인 판단을 향한 다리입니다.

방영될 때 쓰인 자료입니다.

이는 포토 리딩하는 학생의 뇌파를 기록한 것입니다. 키가 큰 파도가 있는 부분은 정상적인 독서 상태입니다. 그 파도의 패턴이 포토 리딩을 시작하자마자 키 작은 파도로 변합니다. '마음속 쓸데없는 잡생각'이 멈추면서 집중력이 올라가는 것을 확인할 수 있습니다. 이렇게 포토 리딩을 개시한 순간, 뇌파는 순식간에 바뀝니다(주 : IBVA 기술에 따른 뇌파 기록도가 게재되어 있음).

● 어떻게 하면 포토 리딩할 수 있을까?

사실 포토 리딩 작업은 전뇌를 사용해 독서를 하는 포토 리딩 홀 마인드 시스템의 1단계입니다.[45] 이 속독 시스템은 '일상에서 사용할 수 없다'라는 일반 속독법과 달리, 일상에서도 무리 없이 계속 사용할 수 있도록 설계된 시스템으로 다음의 5단계의 스텝을 거칩니다.

첫 번째 단계는 독서에 대한 명확한 목적을 가지고, 독서에 최적의 상태로 환경을 만드는 '준비'를 합니다. 학교에서는 어쨌든 눈앞에 있는 문자를 읽기 시작하는 것을 배웠기 때문입

---

45) 노하우를 감추지 않고 역으로 보여줌으로써 강좌 품질의 인상을 남깁니다.

니다. 하지만 독서를 효과적으로 하기 위해서는 독서를 하기 전에 먼저 독서의 목적을 명확히 하는 것이 필요합니다. 그리고 획기적인 감귤 집중법을 써서 독서에 집중할 수 있도록 상황을 조성합니다.

두 번째 단계는 '미리보기'입니다. 이 작업을 통해 지금까지 저장한 정보를 처리해 알기 쉬운 정보로 넣어둘 수 있습니다.

세 번째 단계는 '포토 리딩'입니다. 1페이지에 1초의 속도로 페이지를 넘깁니다. 좌뇌를 사용하지 않고, 정보처리가 빠른 우뇌를 활용해 정보를 습득해나갑니다. 포토 리딩은 가속학습 상태(Accelerative Learning State)에 들어갈 가능성이 생깁니다.

네 번째 단계는 우뇌에 축적된 정보를 일상에서 사용할 수 있도록 하는 작업을 말합니다. '액티베이션(activation)'이라고 하는 테크닉을 활용해, 현재 의식상에 포토 리딩으로 흡수한 정보를 끌어모읍니다.

다섯 번째 단계는 고속 리딩입니다. 이것은 일반 독서에 가까운 독서법입니다. 하지만 지금까지의 4단계의 과정과 조합

됨으로써 독서에 대한 유연성이 생겨, 이해력이 더욱 확실해집니다. 여러분이 이 포토 리딩 홀 마인드 시스템을 배운 순간부터 기대되는 성과는 다음과 같습니다.[46)]

· 어떤 책이든 3~5분으로 책의 내용을 요약할 수 있습니다.
· 많은 책에서 10~15분 사이에 그 중심에 있는 아이디어를 추출할 수 있게 됩니다.
· 일반 독서에 비해 3분의 1에서 10분의 1의 시간으로 독서를 완료할 수 있게 됩니다.
· 신문, 잡지 등의 기사도 30~60초에 내용을 파악할 수 있게 됩니다.
· 전자 메일을 빠르게 처리할 수 있게 됩니다.
· 짧은 시간에 읽은 책도 자신감 있게 그 내용에 대해서 말할 수 있게 됩니다.

'정말 수상한데? 정말로 이런 일이 가능한 것일까?'[47)]라고 여러분은 의심할지도 모릅니다. 저 역시 처음에는 수상하다고 여겼으니까요. 그러니 포토 리딩에 대해서도 존재는 알고 있었지만, 몇 년 동안 수강하지 않고 있었습니다. 하지만 그것은

46) 구체적인 이득을 제시합니다.
47) 반론을 대하는 대응법입니다.

큰 오해였습니다.

실제로 조사해보니 포토 리딩은 매우 신빙성이 높은 교육법이라는 것을 알 수 있었습니다. 미국에서는 학교를 인정하는 것은 보통 일이 아닙니다. 포토 리딩을 수업하는 미국의 러닝회사는 미네소타주의 정식 교육기관으로 주 정부로부터 인정받고 있습니다.

게다가 포토 리딩은 역사와 실적 면에서도 독보적입니다. 이미 20년간 실천되어 이를 수강한 학생은 무려 전 세계에서 20만 명을 넘어서고 있습니다. 현재 미국에서는 한 달에 7,000명 이상의 신규 수강생이 모여들고 있습니다.

더욱이 일본에서도 베스트셀러가 된 《1분간 매니저》의 공저자인 켄 블랜차드(Ken Blanchard) 박사, 그리고 《두뇌의 끝 - 아인슈타인 팩터 -》의 윈 웽거(Win Wenger) 박사도 다음과 같이 말하고 있습니다.

"현재 각계의 리더는 새로운 아이디어를 신속하게 흡수하고, 폭넓은 분야의 중요한 토픽에 대해 파악하며, 전문 분야에 대해서는 항상 동향을 따르고 있어야만 합니다. 이상을 모두 가능하게 하는 것은 포토 리딩 홀 마인트 시스템입니다."

(켄 블랜차드 박사)

"인간의 속독 스킬의 개발이라는 점에서 보면 포토 리딩은 지극히 자연스러운 진화 과정입니다."

(윈 웽거 박사)

●왜 포토 리딩은 없어서는 안 될 기술인가?

포토 리딩은 나이와 상관없이 누구나 배울 수 있는 방법입니다. 다시 말하지만, 이미 개발된 지 20년이 흘렀습니다. 전 세계에서 20만 명의 사람들이 이미 배우고 익혔습니다. 그런데 일본에서는 아직도 이 방법에 대해 가르치는 사람이 없었습니다. 이 정보처리 기술을 모르고, 언제까지나 정보 쇄국으로 남아 있다는 것은 미국을 비롯한 세계 각국으로부터 일본이 점점 더 멀어진다는 것을 의미합니다.

그래서 '일본에서도 포토 리딩을 보급해야겠다'라는 의식이 일어나게 된 것입니다. 저는 포토 리딩의 지정 강사가 되기 위해 치열한 훈련을 받았습니다. 그리고 일본인 최초로 강사로 인정받게 됐습니다.

제가 사명감이 있는 것은 최고가 되기 위해 달리는 분들, 경영자, 관리자, 창업가 등 사회에서 리더라고 불리는 사람들이 더 쉽게 정보를 처리할 수 있도록 도와주는 것입니다. 그래서 저는 수련을 본격적으로 전개하기로 했습니다. 보통은 3일간

금단의 세일즈 카피라이팅

의 집중강좌를 안내하고 있습니다만, 바쁘신 분들을 위한 일이기 때문에 3일간의 시간도 도통 낼 수 없을 거라고 예상합니다. 또 도쿄까지 오는 것이 어려울 수도 있겠죠. 그래서 여러분에게 최적의 교재를 준비했습니다. 즉, 포토 리딩 홈스테이 강좌입니다.

이것은 단순한 통신교육이 아닙니다. 우선 이 교재는 개발자 폴 쉴리(Paul R. Scheele) 자신이 제작 지휘를 맡고 있습니다. 그리고 미국에서 한 달에 7,000명의 사람이 이 교재로 공부를 시작할 정도로 훌륭한 프로그램 북입니다. 이 교재는 테이프를 통해 최적의 연습을 준비하고 있습니다. 그러니 하나하나 테이프를 들을 때마다 자신이 읽고 있는 책의 속도가 몰라보게 달라지는 것을 실감할 수 있습니다.

① 초보자 가이드
간다 마사노리가 집필한 일본어 포토 리딩을 위한 가이드 리포트입니다. 자신들의 경험을 바탕으로 포토 리딩의 시스템을 단기간에 습득할 수 있도록 지원합니다.

② 홈스테이 카세트 테이프 8개
이 테이프는 포토 리딩 집중강좌의 내용을 남김없이 전달하는 것을 목표로 하고 있습니다. 이 테이프를 학습하면 하루 수

십분, 재미있는 연습을 하면서 무리 없이 포토 리딩 홀 마인드 시스템을 이해하고 사용할 수 있게 됩니다. 배우는 시간은 자유자재입니다. 일대일의 레슨을 받는 것과 같은 효과입니다.

③ 코스 매뉴얼
연습을 풍부하게 포함한 실천형 매뉴얼입니다.

④ 《당신도 지금보다 10배 빨리 책을 읽을 수 있다》(폴 쉴리 저)
이 책을 해설한 간다 마사노리의 베스트셀러 책을 포토 리딩합니다.

⑤ 《입소문 전염병-고객이 고객을 연결하는 실천 프로그램-》(간다 마사노리 저)
이 260페이지에 달하는 책도 단번에 포토 리딩으로 학습합니다.

⑥ 선배 포토 리더들의 조언 녹취 테이프
포토 리딩을 습관화하기 위한 힌트가 쏟아져 나옵니다. 간단히 테이프를 들으면서 자습만 하는 것이 아닙니다. 혼자서 하는 것이 아니라 공인 강사가 여러분이 성과를 확실하게 얻을 수 있도록 지원합니다.

금단의 세일즈 카피라이팅

⑦ 강사의 전화상담(3회까지 무료)

강사에게 전화로 질문할 수 있는 무료 상담 시간이 주어집니다. 강좌 내용에 대해 궁금하신 점이나 문의 사항이 있으면, 상담 시간 내(매주 2회)에 전화를 주시면 됩니다. 상담은 무료이지만, 당사로 걸리는 통화료는 부담 부탁드립니다.

홈스터디 프로그램의 내용은 이것만 있는 것이 아닙니다. 정기적으로 포토 리더 연수를 받은 분들의 친목회(매년 2회, 도쿄에서 개최)를 실시하고 있습니다. 이 친목회를 통해서 한 걸음 위를 목표로 하는 긍정적인 친구와 지인의 귀중한 네트워크에 참가할 수 있습니다.

자, 신경이 쓰이는 것은 가격이겠지요? 이 홈스터디 강좌의 비용은 얼마일까요? 우선 투자 대비 비용 효과를 생각해보시기 바랍니다. 독서 속도가 대폭 빨라집니다. 지금까지 포기했던 자격에 한층 더 가까워집니다. 특정 분야에서 권위가 설 수 있습니다. 이런 가능성을 얻기 위해 평소에 <u>얼마를 투자하시나요?</u> [48] 30만 엔? 학교에 다니기 위해 60만 엔? 자격을 따기 위해 100만 엔?

이제 그런 큰 비용을 지출할 필요가 없습니다. 포토 리딩 홈

---

48) 가격에 대한 정당성입니다. 안 좋은 예를 먼저 말하고 가격을 정당하게 판단하게 합니다.

스터디 강좌는 이상의 7가지 내용을 다 포함하고도 5만 엔(부가세 별도, 무료배송)입니다. 그것도 그 효과는 단기간에 끝나는 것이 아닙니다. 친목회를 통해 긍정적인 동료들과 평생 연결이 가능합니다.

● 여러분이 만족 못 하신다면 비용은 받고 싶지 않습니다

홈스터디 강좌에 관해서는 내용의 충실도로 봐서는 해서는 안 되는 것이지만 100% 만족도, 완전 보증을 하고 있습니다. 홈스터디 코스를 시도해보고 만족스럽지 않으면, 구입 후 60일 이내에 연락을 주시기 바랍니다. 우리 회사에 낸 비용 전액을 기꺼이 환불해드리겠습니다. 미리 연락을 주시면 홈스테이 강좌 만족도 보장 기간을 30일 더 연장해드립니다. 즉, 여러분은 위험부담이 전혀 없습니다.[49)]

제가 공들여 지도하는 강좌입니다. 엄청난 에너지를 투입합니다. 그 끝에 환불이 이뤄진다면, 솔직히 마음이 상하는 일이기도 합니다. 하지만 이에 구애받지 않고 환불 보증을 하는 것은 그만큼 여러분에게 중요한 내용이기 때문입니다. 여러분의 사고방식 자체를 크게 진화시킬 정도의 임팩트 있는 강좌이기 때문입니다.

저는 이 강좌를 듣는 것에 4년이나 주저했습니다. "필요하긴

---

49) 변화를 향한 안전망(safety net)입니다.

하지만 바빠서"라고 변명하며 지냈습니다. 하지만 수강해보고 알게 됐습니다. '아, 나는 왜 그동안 시간을 허비했던 것일까?' 라고 말이죠.

얼마 전에 책을 사고 전철을 탔습니다. 전철 안을 둘러보니 독서를 하는 사람이 몇 명 있었습니다. 그런데 여러분, 1페이지를 몇 분이나 물끄러미 바라보고 있는 게 아닙니까? 솔직히 안타까운 마음이 들었습니다. 포토 리딩을 수강하면 전철 안에서 불과 세 정거장 정도 사이에 책을 한 권 읽을 수 있는데 말이죠. 포토 리딩을 알고 있으면 살아가는 속도가 달라집니다.

솔직히 말하면 포토 리딩은 지금까지와는 전혀 다른 방법입니다. 자신의 상식을 버리고, 변화를 꾀하려 하지 않는 사람에게는 추천할 수 없습니다. 패러다임의 변환을 일으켜야만 하기 때문입니다. 반대로 변화를 선점해, 자기 삶을 10배, 20배 변화시키고 싶은 사람에게는 꼭 추천하고 싶은 내용입니다.[50]

저는 이 멋진 강의를 일본에서 제공할 수 있게 된 점에 흥분하고 있습니다. 여러분도 부디 이 흥분을 체험해보시기 바랍니다. 여러분에게 지금까지와는 다른 세계가 펼쳐질 것입니다.

포토 리딩 공식 강사
주식회사 러닝 솔루션즈 대표이사 **간다 마사노리**

---

[50] '어떤 사람이 구매했으면 좋은지'를 구성합니다.

추신 : 이 강좌는 즉효성이 있어서 수강이 늦어지면 늦어질수록 기회를 놓치는 것입니다. 그러니 조금이라도 흥미가 있다면, 부디 지금 바로 신청 부탁드립니다. 후회는 절대 없을 것입니다.

금단의 세일즈 카피라이팅

제1판 1쇄 2023년 11월 10일

지은이 간다 마사노리
옮긴이 김수연, 이수미
펴낸이 한성주
펴낸곳 ㈜두드림미디어
책임편집 배성분
디자인 디자인 뜰채 apexmino@hanmail.net

㈜두드림미디어
등   록   2015년 3월 25일(제2022-000009호)
주   소   서울시 강서구 공항대로 219, 620호, 621호
전   화   02)333-3577
팩   스   02)6455-3477
이메일   dodreamedia@naver.com(원고 투고 및 출판 관련 문의)
카   페   https://cafe.naver.com/dodreamedia

ISBN   979-11-966048-9-9 (03320)